櫻花樹下的中國新娘

林惠子 著

前言

八〇年代初，隨著中國經濟改革的開發，中國開始派遣在各個領域有建樹或有培養前途的學者去國外進修、考察、學習，這樣的公派留學，一般的國民很少有機會。

一九八五年，國家取消了「自費留學生資格審核」，鄧小平也提出了「支持留學、鼓勵回國、來去自由」的方針，國門打開了，貧困了幾十年的中國人知道了亞洲經濟發達的四條小龍：香港、日本、臺灣和新加坡。

上海是資訊迅速傳播的大都市，高層機關的工作人員，大學生知道了這個資訊後，於是有人毫不猶豫的辦理了出國手續。當時海外留學的條件很寬鬆，只要有海外大學，語言學校的入學通知書，所在單位同意就可以辦理出國手續，一般不到幾個月就可以出國了。

出國的留學生到了國外，看到了經濟發達、繁華的都市：家家有電視機，電冰箱和先進的電器用品，窮人也有麵包吃、有牛奶喝，吃肉不用票，雞蛋最便宜，他們大開眼見！

於是馬上開始辦理想出國的親朋好友，八八年底到八九年初出國留學生迅速達到了高潮。年輕學子躍躍欲試，想讀學位大顯身手，一展鴻圖；平民百姓也爭先恐後，想掙錢，擺脫貧困。

在日本的臺灣老闆看到了這個商機，馬上開辦了日本語學校。在東京就有幾十家臺灣人辦的日本語學校。當時辦學審查比較寬鬆，借一棟樓房、招聘幾位懂點中文的老師就可以開班了。為了爭取生源，學校可以做擔保人，只要付三萬日元就可以，加上半年的學費和報名費約有二十多萬日元就可以去日本留學了。

當時人民幣和日元的兌換的比例是四比一，四百元人民幣換一萬日元，那時中國工薪階層一個月才幾十多元工資。

在日本打一天工就有五千日元，等於中國人一個多月的工資，這個誘惑太大了！水往低處流，人往高處想，有經濟頭腦的中國第一批個體戶基本上都去了國外。由於日本離中國最近，生活習慣也很接近，當年去日本的人數達到四萬多人，上海人最多，隨後是福建人和北京人。幾十萬學費問先去的親戚朋友借，到了日本打工後再還；而福建很多人是借款，當時也有辦理留學的黃牛，很黑的黃牛要一百萬日元才能辦。所以很多福建人到了日本幾年，連借款也還不上。

這樣苛刻的條件精明的上海人是不會接受的，他們都是委託親朋好友辦理，不需要介紹費，所以上海人到了日本，半年就可以還清所有的借款。

兩年的語言學校學費不高，住的是幾萬元的簡陋房，一個月的房費，學費生活費約十萬日元就夠了；如果一天打兩份工，一個月可以有二十多萬日元，還可以攢下十萬日元，當然不能有其它的消費。

但是過了兩年，語言學校畢業了，如果要簽證，必須讀專科學校或者考大學，學費一年高達八十萬到一百多萬。大學雖然有獎學金，可是當年去日本留學的人，學歷都不高，拿到獎學金的留學生寥寥無幾；於是很多人就面臨一個嚴峻的問題，如何獲得日本的簽證？

〈姍姍來遲的愛〉中的主人公就面臨著這樣的困境：

語言學校兩年畢業後，和同班三位女生一起考了秘書專科學校，因為學費比較便宜，但是學校離東京很遠，往返坐車要三個多小時。幾個月後，只剩下她堅持每天去學校。其餘三位女同學，一位被日本男子追求，準備要結婚了、一位在辦養子，可以留在日本，另一位搞設計的同學去了一家小公司上班，有了工作簽證。

唯有她，既沒有人追求，又沒有技術，真是心急如焚！只好堅持天天去學校，保持百分之九十的出勤率，才能有明年的簽證。

現在每天學習電腦，經營管理、秘書、學得她頭昏腦脹；一年學費八十多萬都是打工辛苦掙來的……

怎麼辦？不交學費就沒有簽證，交了學費不去上學也沒有簽證，每天懷著矛盾的、焦慮的心情去學校。下了課匆匆回家換了衣服，隨便吃點東西，又趕到新宿一家中華料理店打工。

所以她不得不考慮在日本結婚。愛人還是不錯的，但是遭到了姐姐的阻礙，婆婆的刁難，於是一場異國婚姻大戰，從談戀愛開始已經硝煙彌漫了，幸運的是愛人站在她一邊。

為什麼不選擇回國呢？原因有很多，其一：九〇年代初，中國的國營企業開始改革，工廠紛紛倒閉、轉產、合資，國內的工人都面臨著下崗！當時很多人辭職了出國的，在國外學了兩年語言回中國能幹做什麼呢？

既然選擇了出國，就不能再回去了，〈紅色護照的誘惑〉裡，我們可以看到主人公的命運：第二次的戀愛使她心灰意懶，但是十幾年的農場鍛鍊，使她成熟而有了堅強的意志，她一定要讓他看到她輝煌的將來！於是她發憤努力，考上了上海電視大學的外貿專科，畢業後調到上海外貿分公司當上了科長。

可是她的戶口仍在農場，中國的戶籍制度緊緊地將人束縛、禁錮在一個狹小的管轄範圍內。這條無形的鎖鏈，使她窒息得透不過氣來；為了能回上海，她托人找關係，千辛萬苦，掏空了所有的儲蓄，才將戶口遷回上海。

第二天，她竟然接到了去日本的入學通知書，一位相處了十幾年的好友，為她辦好了去日本的一切手續。

命運常常是這樣出其不意地捉弄人，當你被眼前的困境，折磨得精疲力竭時，突然會出現意想不到的轉機——這就是生活！

出國就是為了改變命運，沒有取得一定的業績，怎麼能回國呢？

由於當時的各種歷史原因，很少有人選擇回國。在日本已經生活了二年，日本有豐富的物產，優美的環境，只要能夠吃苦耐勞，一天打幾份工能掙到幾萬日元。

所以語言學校畢業後，回國的人不到百分之五，留學生開始選擇今後的去向，分流開始：少數人去了澳洲，阿根廷，波里維亞、紐西蘭等簽證不是很嚴格的國家讀語言；有人考上了研究生和大學，一般的考上了專科學校。

還有些人不想報考任何學校，這就成了沒有身分的「黑戶口」當時日本需要勞動力，沒有簽證也有很多工作可以幹；就是不能回國，如果遇到警視廳檢查，要被押送回國，幾年內不能再到日本。

所以很多未婚姑娘，選擇了一條直徑之路——和日本人結婚。

於是國際婚姻的幕簾拉開了，婚姻介紹所像雨後春筍般的出現了！

東京池袋一家婚姻介紹所，連續在《留學生新聞》上登廣告。這位老闆手中有幾百張中國年輕漂亮姑娘的照片，來登記的日本男人看到滿意的照片，老闆就帶著他們一起來上海相親。

嫁給日本人的中國新娘，一般不在日本舉行隆重的婚禮，價錢太貴；他們回到上海後，在上海希爾頓、花園飯店等高檔的賓館舉行隆重的婚禮。國人的親朋好友看到的是新娘穿著世界流行時裝，戴著漂亮的結婚戒指，豪華的婚禮，無不讓親朋好友羨慕。當日本男人拿出幾十萬人民幣買下豪華的公寓房，大家都露出羡慕的目光：好闊氣，好氣派！還是嫁給日本男人好。

所以國內的很多姑娘也想嫁到日本去，繁華的銀座、新宿的霓虹燈閃著迷人的光環，誘惑著、吸引著她們，彷彿等待她們的是享受不完的榮華富貴，穿著時髦的衣服，抹著資生堂的化妝品……

於是就有了〈農夫的新娘〉這樣的悲劇。

當年經常聽同學議論：「某某嫁給了日本人，那個日本人，婚前沒有攢一分錢，結婚都是用她的錢，現在又不讓她出去幹活。她一個人整天待在家裡，寂寞又沒錢，想離婚人財兩空，回到上海太沒面子，上次在電話裡哭著和我講了一個小時，求我幫忙。」

「上次我在入管局看到某某和飯店夥計結婚了，男人穿得那麼寒酸，傻乎乎的，她很難為情，沒敢叫我。」

「某某嫁給了老闆，很有錢。在上海給她買了一幢一千五百萬日元的別墅。可是兩人年齡相差二十多歲，看上去像父女倆。每天和比父親年齡還要大的老頭生活在一起，真不知怎麼生活。」

每天都能聽到這樣的消息，看到這樣的情景，我多麼想寫出來，告誡不要為了簽證而走這條路，告訴國內未婚姑娘，不要盲目的和你不瞭解的日本人結婚！

我為她們感到遺憾，當年她們在一不懂語言、二沒有錢、三沒有親戚贊助的情況下，為了擺脫貧困，為了成功，獨自一人到國外留學，她們是勇者！

留學生活千辛萬苦，誰不想追求幸福美好的生活？誰不想擺脫當「三等公民」的屈辱；只是到了人生的岔路口，她們沒有再繼續披荊斬棘、勇往直前！而是採取了以青春為籌碼，以婚姻為跳板的直徑之路——結婚。

雖然她們不用為每年簽證而發愁，為學校出勤率少而擔慮，接踵而來的是感情危機，前途渺茫。

我看到了一個個不甘心沉陷的靈魂在吶喊！我多想呼喚——但我呼喚不出來，我的心像鉛一般地沉重，感到很壓抑，我彷彿也在熬受著相同的苦痛。

幾十年的貧困而世道紛亂，人間充滿了甜酸苦辣！人的命運離不開大時代、大風水；國家經濟發達，人民生活富裕，誰還會遠離故鄉，告別父母，踏上艱辛而曲折的異國之路呢？

然而，誰又是命運的「主宰者」呢？

九〇年代初結婚的中國新娘一半以上都已離婚了，開始了新的生活。如今，這已成為中國留學史上，令人深思而悲哀的真實寫照。

一九九三年，這部以小說形式寫成的紀實文學在深圳（中國）文稿拍賣，由深圳索華倫有限公司總經理李春燕以五萬元成交；借此機會，感謝她對文化事業的支持

二〇〇一年，我和導演錢海毅先生合寫的電視劇《遠嫁日本》其中以此書的主人公為原型。這部由日本著名演員中野良子、宇井津健友情演出；中國演員伊能靜，耿忠主演的，中日二國合拍的電視劇在日本引起很大反響，成為中日兩國友好的交流項目。

二十世紀，中國經濟飛速發展，很少再有姑娘想嫁到日本去；相反很多日本大學畢業，會幾國語言的姑娘嫁給了上海小夥子，因為中國男人勤奮、顧家；中國人的生活也越來越好！

有機會寫一本《遠嫁中國》，這將是中國走向繁榮富強的一個縮影！

▶櫻花盛開的季節，留學生穿上和服欣賞櫻花。

◀日本榻榻米的房間雖小，傢俱不多，但功能齊全。

▶日本獨身住房。日本獨身一般都是借房居住，比留學生多一個小廚房；即使結婚後，也是多年借房居住，他們沒有很多錢貸款買房子。

◀中國留學生獨身的房間。日本房價貴，一般居住六（約六個雙人床大小的面積）到八貼榻榻米的房間，外面有一個小廚房和衛生間，價錢在四萬日元左右。

▲日本富士山。山頂上常年積雪，上山遊玩，難得有晴天的時候，遠處看效果更好！

▲日本京都的紅葉。秋去旅遊，風景那邊獨好！

▲日本的溫泉旅館。日本一般的溫泉旅館是大衆化的，人人消費得起，一萬日元泡溫泉、唱歌、吃飯、住宿。工作繁忙的日本人，經常在休假日去住幾天。

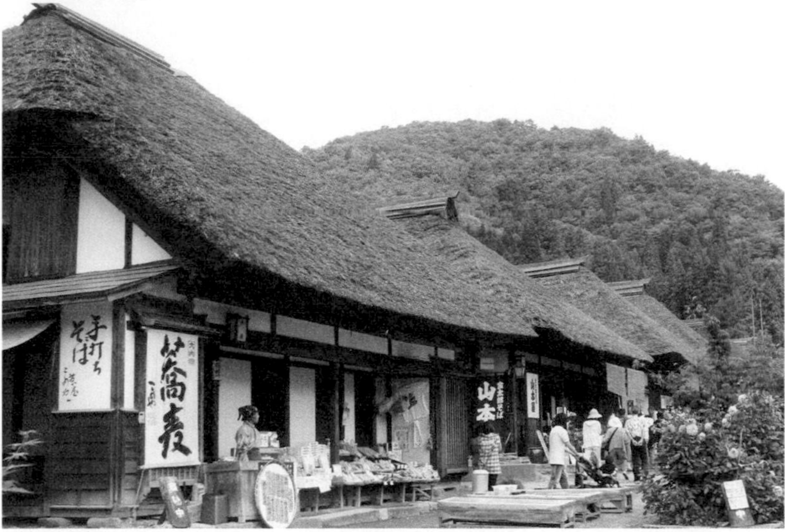

▲日本著名的江戶古街，大內宿。是茅屋建築保留很完整的地區，是當時有名的旅館區，曾經繁華一時，是北至南的運輸必經之路。當年凡來往東京的官員、商人、旅行者都會在這裡休息、或住宿一晚。

目次

Contents

紅色護照的誘惑

這是一間不足二十平方的新婚小屋，愛巢雖小，卻佈置得典雅大方：小客廳有一對沙發和一個裝飾櫥，牆上懸掛著一幅淺絳色的山水畫；左邊掛著一張「雲南少女」羊毛掛毯，在柔和的燈光映襯下，顯得溫馨而朦朧。旁邊的玻璃櫃中，杯盤碗筷擺放得整齊有序，明亮潔淨。

衛生間的門上貼滿了耶誕節朋友從上海、港澳、美國等地寄來的精緻賀卡。

早晨，女主人伺候丈夫用完了早餐，亭亭玉立地站在白色鏤花窗簾旁，嗲嗲得微笑著，她揚起柳葉眉，對樓下的丈夫招著手，一個接一個飛吻，喜得去上班的夫君頻頻回首，依依不捨地走出小巷。

此刻，夕陽西下，妻子又站在窗前翹首遙望，盼君而歸，她惶惑又焦急。終於，看到了熟悉的身影，她轉身打開房門，丈夫拖著沉重的腳步出現在她面前，她像日本主婦一樣，朝丈夫深深地鞠著躬：「你回來了，辛苦了！」

丈夫在一家食品供應株式會社工作，擔任人事課科長，收入一般，應酬卻很多。

「真累啊，同事們拉我去喝酒，我今天不想去。你一個人在家，一定很寂寞，所以就早回來了，家裡有好酒嗎？」

「有，先去洗澡吧，為你準備好了下酒菜。生魚片、冷拌黃瓜，還有炒雞塊。」望著丈夫疲倦不堪的面容，有氣無力的神態，她趕緊幫丈夫脫下西裝掛在衣架上。

丈夫看到桌上的佳餚，臉上掛滿了笑容，「看起來就很好吃！」

妻子將酒杯洗好，從冰箱裡拿出一瓶啤酒。她知道丈夫先喝一杯啤酒，解渴後再慢慢喝威士忌，這是日本男人的喝酒習慣。

丈夫洗完了澡，覺得輕鬆多了，他一口氣將一杯啤酒喝完，不由喜上眉頭：「太痛快了！每天如此，我可是世界上最幸福的人了。」他滿意地品嘗著妻子為他做的菜，忍不住誇獎著：「好吃，好吃，沒想到你還能做這麼多好菜。」

妻子微笑地坐在旁邊，嬌柔地說：「以後你就會發現我還有許多優點。上海姑娘個個都很能幹，不比日本女人差。」

「對，中國人是聰明、能幹。日本許多文化都是從中國學來的，從孔孟之道到現在的木拖板、茶道都是學中國人的。」丈夫三杯酒下肚，話匣子打開了。

今晚的話題和在公司裡說的不一樣，有了新鮮感。妻子日語很流利，他們不用翻譯就能交流。

「等你放假了，我帶你去玩中國的名勝古跡。」

「好的，這陣子忙完了，我們一起去中國旅遊。」丈夫高興的說。

日本人的元旦和春節，公司休兩星期假，夏季還休一個星期的暑假；平時日本人節日多，有勞動節、體育節、文化節、秋分節、敬老節、成人節等，一年三百六十五天有一百三十多天是假日。日本人在休息、假日去打高爾夫球、溫泉洗澡、國外旅遊、回家鄉探親訪友。

可是丈夫在食品供應公司工作，日本唯有第三產業的料理店、酒店、小商店全年無假日，所以他們也不能休息。雖然沒有假日，丈夫也不埋怨，日本男人，工作放在第一位。

丈夫酒足飯飽，放下筷子，滿意地對妻子說：「太好吃了，每天如此，真是神仙過的日子！」他身子搖晃著，困得眼皮耷拉，搖晃著走到了臥室。

妻子趕忙走進去，鋪好被褥，把丈夫扶到床上，沒過幾秒鐘，臥室裡傳出了打鼾聲。

妻子看著桌上的杯盤狼籍，她強打著精神，收拾乾淨，一看時鐘，已是深夜十一點了。

她不禁歎了一口氣，心想：在上海家裡，早已進入夢鄉了，現在還在東京伺候丈夫。

她怎麼也睡不著，望著酣睡的丈夫，不由沉思起來：難道這就是我今後的生活嗎，我這條路走得對嗎？

過去的歲月歷歷在目：崇明農場，一條狹窄泥濘的小道，十七歲的她，挑著裝滿河泥的大竹筐，有一次不小心滑倒了，連人帶筐都摔到一個泥坑裡，在同學的幫助下，連滾帶爬的上了田埂；她踉踉蹌蹌地跑回宿舍，撲倒在床上放聲地哭了起來，以後便有了一個綽號：「泥人張」。

一位眉清目秀的小夥子，闖入她的眼簾，初戀使枯燥、無味、艱難的日子有了快樂和希望。可是，不久他抽調回到了上海，短短的幾行字，帶走了她少女全部的戀情，她的精神幾乎要崩潰了！

後來有關政策下來了，沒有結婚的知識青年可以頂替回上海，她是家中小女兒，母親要她頂替回城。當她滿懷喜悅的要將戶口遷回上海時，不料，在雲南插隊，已經結婚的哥哥聞訊趕回上海。

於是，一場誰回上海的命運較量開始了：哥哥苦訴，嫂子哀求，她心軟了，把回上海的機會讓給了哥哥；她又回到了勞動艱苦，生活枯燥的農場。

她發誓：一定要脫離勞其筋骨的生涯。後來憑藉她的機敏、才智和拼搏，終於如願以償，抽到農場當了語文教師。當年正是青春妙齡少女，苗條的身材婀娜多姿，白皙的面龐洋溢著迷人的笑靨，乖巧的口才使她充滿了迷人的魅力。

她又結識了一位風流瀟灑的才子，空閒之時，她和男友一起跳舞，聽音樂、看電影；在鳥語花香的季節，手攜手飽覽大自然的風光、憧憬未來，她覺得自己是最幸福的人。

但這位白馬王子，卻是一個自私自利的男人，當他提出要她買一台電視機而被回絕時，竟一怒之下，與她「拜拜」了。她如夢初醒，原來男友看中她家裡的海外關係和外匯。

第二次的戀愛使她心灰意懶，但是十幾年的農場鍛鍊，使她成熟，而有了堅強的意志，她不甘心這樣碌碌無為，她要讓他看到她輝煌的將來！於是她更加發憤努力，考上了上海電視大學的外貿專科，畢業後調到上海外貿分公司辦公室，當了一位科長。

可是她的戶口仍在農場，中國的戶籍制度緊緊地將人束縛、禁錮在一個狹小的管轄範圍內。這條無形的鎖鏈，使她窒息得透不過氣來；為了能回上海，她托人找關係，千辛萬苦，用完了所有的儲蓄，才將戶口遷回上海。

沒有想到，第二天，她就接到了日本語言學校的入學通知書，相處十幾年的好友，為她辦好了去日本的一切手續。

命運就是這樣出其不意地捉弄人，當你被眼前的困境，折磨得精疲力竭時，突然會出現意想不到的轉機——這就是生活！

十二年的風風雨雨、甜酸苦辣，歷歷在目。在那個動盪的年代裡，大家都受盡艱難，她也咬緊牙關，在布滿荊棘坎坷的人生道路上一步步的走了過來。

來到日本一年，每天清晨去麵包房打工；幹到中午，匆匆啃上幾塊麵包，趕到上池袋的語言學校上課；上完課像打仗似的奔到中野一家中華料理店上班。

每天工作十幾個小時，她沒有休息日，星期日上午還去做一份清掃的零工，幹得腰酸背痛，雖然當年在農場勞動也很辛苦，那時畢竟年輕，睡一覺休息幾天就緩過來了。

現在年過三十，再這樣的拚命不行了；一次，患了急性扁桃腺炎，高燒四十度，幾天沒上班。一個人孤單地躺在房間裡，寂寞、痛苦。她決定不能再去飯店工作，月薪只有十幾萬，付了房費、學費和生活費，所剩無幾，回一次上海探親就沒有錢了。

還是去酒店打工吧，那兒工資比飯店高幾倍，反正現在都是伺候日本人的「三等公民」，別人能幹，自己也能幹，這也是「入鄉隨俗」吧。

病癒後，去了一家有卡拉ＯＫ的酒店工作，每小時一千五日元。老闆娘很和善，店雖小，客人卻不斷。大多數是勞動者，他們心底善良，很同情留學生。

在這家酒店，她認識了現在的丈夫，他幾乎每天都來，一個人坐在那兒喝悶酒，幾杯下肚，便海闊天空地聊起來。他出身九州，大學畢業；但是他憨厚老實，老闆娘經常坐在他面前，趁機喝完他的酒，於是再開一瓶新酒。

有時她也和老闆娘聯合起來「斬」他，趁他說得忘情時，向他要啤酒和果汁喝，他非常爽快的說：「好，好，喜歡喝什麼就點！」

她暗自好笑：真傻，這個日本人！後來發現他不傻，談不上博學多才，卻知書達理，知識面很廣，又是科長，月薪四十多萬元。雖說年過四十，但他穿著西裝進來的模樣，挺神氣的。一米八的高個，濃眉大眼，棱角分明的面龐，很有男子漢氣質。

她的心計開始轉起來了，來日本快兩年了，靠打工發不了財，又要為每半年簽證絞盡腦汁。要簽證必須上學，而且學校的出勤率要在百分之九十以上，少一些可以，要開後門，給事務所工作的臺灣人幾萬日元。

聽說現在這家的國際日本語學校，由於老闆不交稅，要停辦了。同學有的開始轉校，有的報考大學和專科學校，大家都在為將來的前程而奔波，一時弄得人心慌慌。

今年她三十二了，花開花落，青春不再，難道再回中國找男朋友？回想當初男友的負心，她一定要爭口氣。夢中情人不復有，眼前的他倒是「候選人」，她想走一條直徑的成功之路，於是她開始主動出擊。

四月櫻花盛開的季節，她約他來到上野公園。

櫻花樹下人們歡歌載舞，今天好像也是快樂的戀愛季節，他倆沉醉在美景中。他彷彿也變了一個人，不像進酒店那樣精神萎靡不振。頭髮吹過了，鬍子刮了，顯得神采飛揚，有中年男子穩重的魅力。

不知是櫻花令她醉心，還是眼前這位倏然變化的男子使她春意蕩漾，她那冰冷的心被融化了，她情不自禁地拉著他的手，倆人像熱戀中的情人。

這一天她玩得特別盡興，這是她到日本後，第一次這樣無憂無慮地遊玩。

就在這時，她突然萌發了要結婚的念頭。來日本兩年，每天累得直喘氣，現在迫切需要一個港灣，做一個不為學費、簽證而擔慮的家庭主婦，就是和眼前的日本人結婚。

於是，在月色皎潔、萬籟寂靜的夜晚，他們雙雙走進了情人旅館。

也許他太累了，一陣旋風般的做愛後就呼呼地睡着了。可是她沒有達到欲入仙境，令人陶醉的快感，連一絲雲雨之後的溫存也沒有；看著躺在身邊的男人，不禁一陣傷感油然而升，百感交集，鼻子一酸，忍不住淚眼模糊。

她的心彷彿被一塊沉重的鉛堵住了，她為自己的唐突感到後悔：怎麼會輕易和他來到這裡？怎麼辦？走錯了一步，唯一的辦法就是迅速結婚，這也許是「禍兮福所倚」。

從那天起，她變得更主動、更溫柔了。而他卻變得被動，冷漠起來。原來老闆娘知道他們談戀愛了，她是不允許小姐和店裡的客人有任何關係。

而他的幾個朋友也好心勸他：「小心點，你已經離過一次婚了。」

「你一點也不瞭解外國人，怎麼可以那麼快就結婚？」朋友的話使他從熱戀中醒來，於是採取了「冷處理」。為了避開這位中國姑娘柔情般的糾纏，他不再去喝酒了，怕多喝了又情不自禁地走進情人旅館；如果她懷孕了，他一定要負責的，不結婚也不行。

他開始冷靜的想了很多：她在中國結過婚嗎？為什麼不想回自己的國家？和我相差十二歲；為什麼要找離過婚又有孩子的男人？我們的生活習慣不一樣，能生活在一起嗎？

於是他也不來酒店了，像避瘟神似地避開她。

等了幾個星期，他也沒有來，她發怒了：這些日本男人都是花花公子，佯裝醉酒，玩女人。想甩掉我！沒那麼容易！你有什麼了不起，離婚的男人日本有的是，你沒錢，又沒房子，我一定要找你嗎？

好勝的心理使她心理不平衡，她原以為很容易就和他結婚，所以一個月沒去語言學校上課，現在的出勤率只有百分之七十，肯定簽不了證，只能回中國。

如果現在回中國，左鄰右舍、親戚朋友，一定會說她混不下去只好回來了。現在唯一的出路，只有快結婚！

她不氣餒，幾經艱辛，終於感動了愛神，他終於同意與她結婚。

十幾年獨身的他，竟沒有一點儲蓄，她只好認了；拿出兩年來省吃儉用積蓄的錢買了些簡單的家具，租了一套公寓房。

沒有錢辦婚禮，買結婚戒指；沒有買一套漂亮的禮服，在家裡燒了一桌中華料理，招待他的幾位朋友，就這樣他們草草結了婚，開始了夫妻生活。

婚前她領教過日本男人說變就變的性格，使她陷入困境的這段插曲，她是不會忘記的。現在她變得更乖巧了，成了一位有心計有耐心的少婦；何況十幾年艱辛的生活使她變得隨機應變、八面玲瓏。結婚後，每做一件事，她都會精心考慮，不至於失敗。所以，現在所做的一切並不完全發自於內心，而是出於無奈！

每天都小心翼翼，對丈夫百依百順。起床後就給丈夫做早飯，送丈夫上班，然後做家務；晚上迎接丈夫歸來，晚餐後收拾好一切，才上床睡覺。

今夜，她輾轉反側，迷迷糊糊剛睡著，突然，丈夫一骨碌地爬了起來，「快六點半了，來不及了。」她一看時鐘才四點，她皺著眉，睡意朦朧的說，「再睡一會兒吧，我叫醒你。」

丈夫又睡了，他不時地夢囈著，他工作真的很累！她看著丈夫，愛憐之心油然而升，從心底裡應該感謝他，是他將自己從異國留學的苦海中「拯救」出來，開始新的人生。

窗外隱隱透進一絲晨光，幾隻斑鳩在窗前的一棵銀杏樹前吱吱地叫著。

她急忙起來了，給丈夫做好早點。昨天買好了麵包和牛奶，只需放到烤箱裡烤一下，再加一、兩碟小菜，就是一頓簡單的早餐。

她想起在農場時，每天清晨聽到窗外的哨聲就心驚肉跳，睡眼惺松地爬起來，頭昏腦脹，扛起鋤頭下地幹活。現在雖然沒有哨聲，也要那麼早爬起來，為什麼？為了做一位盡善盡美的日本妻子。

「昨夜睡得好香，這十幾年從來也沒有這樣舒服過。現在有了老婆，不用擔心晚上去哪裡喝酒，早晨上班吃什麼早點。」丈夫一邊穿著衣服，一邊說。

有時她看到憨厚，通情達理的丈夫抱病去上班，也為他擔心。

是他陪著自己去入管局簽了一年證，是他，使自己成為在日本留學的中國姑娘羨慕的新娘，想到這些，她懷著感恩的心情為丈夫而操勞一切。

春天是誘人而富有生氣的，又是一年一度的櫻花盛開的季節。親朋好友，情侶們，成群結伴在這桃色的、充滿詩意的花海中遊玩。

一年無休息日的丈夫，好不容易請了一次假，陪妻子回上海拜見中國的岳父岳母。

母親、哥哥和姐姐無不高興，他們將這位日本女婿待為上賓。母親一日三餐海鮮不斷，河鯽魚湯、清燉甲魚，吃得他讚不絕口。最使他吃驚的是在日本百依百順的妻子，原來在上海家裡很任性，是一位受母親、姐姐憐愛的不幹家務的公主。

丈夫不由為之而感動，覺得在日本真的委屈了妻子，家中一切都由她操持：天冷了，妻子買好毛線，為他織了一件厚毛衣。有時自己還想到外面的酒店去喝酒，她怕被老闆娘「斬」

他，親自陪著他去。

喝著喝著，來了興致，走出了一家酒店又去另一家，他們從七點一直喝到半夜才回來；她雖然心裡不高興，無奈的陪著他。

回到家一算帳，兩人都大吃一驚，一個晚上花了五萬日元！她歎息道，這是我當留學生時的一個月生活費。

他喝醉了酒，不知道妻子一個人獨自坐在窗前傷心、難過！

自從上海探親返回後，丈夫對她體貼多了，陪她去香港遊玩了一次，又買了一隻藍寶石戒指送給她，作為結婚禮物。

回到了日本，又開始恢復了周而復始，按部就班的生活：枯燥無味、無休無止的家務，結婚後的喜悅、不用去簽證、上學的快樂消失了；現在的口子沒有什麼希望？她有時也想，我這麼快結婚對嗎？

為了節約開支，家中訂了《每日新聞》，每天都看上面的廣告：哪家商店年中處理或關店、開店紀念日，她都瞭若指掌。

家裡的一件件家電、家具都是她精心挑選後買來的，二十五吋的彩電，原價二十萬日元，討價還價只花了十三萬日元減價買來的。這套皮沙發是年底大削價時買的，其他小玩意都是她走了幾家商店後，挑便宜買來的。她絞盡腦汁的節約開支、勤儉持家，每當她買回一件便宜物品時，喜悅地等丈夫回來，告訴他今天如何買了便宜貨。

他每月雖然四十萬元工薪，扣去保險費、年金、醫療費等拿到手才三十萬。一個月的房費、水電費、生活費支出二十多萬，也攢不了多少錢。丈夫還要到外面喝酒，帶著公司的年輕人去，自然是他買單。有時獨自到高級酒店去，喝得醉醺醺又被老闆娘宰去好幾萬。靠丈夫這些錢，眼下勉強過日子，以後有了孩子怎麼辦？要想買一間房子，更困難了。一套郊外的公寓也要三千萬到五千萬日元，首付就要一千多萬，丈夫婚前一分錢也沒有，她自己積攢兩百多萬，結婚時用去了一些，所剩無幾。

嫁給日本人的上海姑娘，都有自己的小算盤：不管對方是白領、藍領，是富翁還是窮酸，婚後自己一定要上班。不是她們喜歡工作，不願意舒適安逸，而是為今後自己的生活打算。如果自己有了工作，可以把掙的錢存在銀行裡，萬一離婚了，不至於人財兩空。如果沒有拿到日本國籍，身無分文，灰溜溜地回中國，豈不是太窩囊了嗎？

這種想法是她們的普遍心理狀態，事實上也必須這樣做。日本政府為了保護本國公民的利益，外國人與日本人結婚，一旦離了婚，在法律上不會將一半財產分給外國配偶的；如果你有孩子，考慮到孩子的利益，會分些錢給妻子。

所以很多有錢的老闆和中國姑娘結婚，婚前在法律事務所就寫好了條約，萬一男方有什麼意外，財產歸子女；男方的生命保險金歸女方所有。其實這是一張空頭支票，要等男方死在妻子前面，她才有權享用這筆可觀的生命保險金。這意味著，結婚後的財產並不歸妻子，所有，妻子沒有分配財產的權力。

如果你不滿意婚姻，那麼你就回國，一分錢也拿不到。如果想得到他的財產，只有耐心等待，等你青春已逝，老態龍鍾時才可享用幾千萬或幾億財產（這必須是男方早逝的情況下，如果男方比你還健康的活著，你還必須忍受不幸福的婚姻）。

大多數與日本人結婚的外國姑娘，是在沒有婚姻的基礎上開始共同生活的。由於生活習慣、信仰、文化的不同，離異的很多。聰明而有心計的中國姑娘，非常清楚自己在異國婚姻中的地位，所以她一定要說服丈夫，晚上還是要去酒店上班。

結了婚的主婦，丈夫是絕不允許妻子去酒店上班。日本男人的性格很矛盾，一方面他們離不開酒店，另一方面他們很輕視在酒店工作的女人，殊不知，他們自己每夜都離不開這「低賤」的地方。

在酒店工作的女人，大多是未婚、離婚或者生活貧困者，她們的遭遇艱辛而辛酸，她們知道男人瞧不起她們，但是每天還要塗指抹粉，裝出溫柔的微笑，去伺候那些看不起自己的客人。因此日本丈夫即使生活再清貧，也不會允許妻子去酒店工作。但她能言善辯，說服讓她丈夫再幹兩年，等有了孩子就不工作了。

也許丈夫想現在日子確實過得有些拮据，如果每月能多出二十多萬元，日子要好過些了，他終於答應了妻子的要求。但是有一條不允許：絕不允許和酒店的客人一起出去遊玩、外出喝酒。

「怎麼可能呢，我已經結婚了，誰還能與你相比呢？」妻子揚起柳眉，嬌柔的說著，憨厚老實的丈夫開心得笑了。

所以結婚後不久，她仍像留學生一樣，白天在一家料理店幹四小時，晚上去酒店上班，每天也要幹十小時。雖然現在不用上學了，但是她沒有放棄學習日語，每天看電視，仔細聽發音，不懂的地方馬上查字典，沒多久，她的口語、禮節比日本主婦毫不遜色。

過年過節，丈夫帶著她去朋友家，大家都稱讚，羨慕他找到一位溫柔、賢慧、聰明能幹的妻子。過去曾勸他不要娶外國老婆的朋友，也誇讚他慧眼識賢妻。

漸漸的，她感到生活又不如意了，逛商店要花錢，待在家裡要伺丈夫；不能像留學時和同學一起去逛街、遊玩；現在形影相弔，很孤獨，彷彿被拋棄在荒山曠野中。

一天，她打電話給最要好的朋友，她大聲呼喊：「我寂寞，太寂寞了！」對方接起了電話，她在電話裡聽到朋友孩子的哭聲，她不再叫喊了。

「今天我們去新宿玩，好嗎？」她問朋友。

「哪兒也不能去，孩子發燒了，哭得厲害，我累壞了。現在媽媽從上海來幫忙，以後走了怎麼辦？」

「你老公去哪裡了？」

「說去上班了，肯定又去玩電子遊戲機了。」好友訴說著：「你有空過來玩吧，我要給孩子餵奶了，對不起，拜拜。」

「拜拜」，她無力地放下電話，不由歎息起來：相處了二十年的要好女友，當初是她幫忙使她到日本來的。一年前，她也結了婚，她們沒有更多的時間一起出去遊玩了；但是朋友羨慕她沒有孩子，很自由。

她不由問自己，我比她好嗎，我這條路走得對嗎？憑我的姿色和才能，完全可以找一個比他條件更好的男人，她為自己的辛勞感到不平。

流光催人老，以前白皙的面孔，如今用化妝粉填補，眼角魚尾紋也多了。她不甘心，結了婚，她被束縛在家庭的小天地裡，不能有過多的社友活動。晚上下了班，喜歡她的老闆約她出去喝酒，她不敢去。丈夫有言在先，每天還等著她做下酒菜。

偶然，星期天偷偷陪日本人出去吃飯，總是心神不定地看看手錶，要在丈夫下班前趕回去。這時她羨慕班裡的同學，她們比自己自在。尤其一位丈夫在中國的女友，有時間洒去泡溫泉、唱卡拉ＯＫ、假日裡去沖繩、京都玩，多麼自由、瀟灑！

如今是她一位百依百順、竭盡心力為丈夫的日本妻子，像一隻關在籠子裡的小鳥。

一顆動盪的，仍釋放著青春餘熱的心，開始騷動起來……

她打開抽屜，拿出一疊新男友來的信件，一行熟悉剛健的字跡出現她眼前，她心砰砰地跳了，這是她愛過的才華橫溢的男友：相戀的日子，兩人相倚在黃浦江畔，憧憬著美好人生，描繪著美好的未來，他說，等她回來要和她結婚。

可是她和日本人結婚了，她感到有些歉意。他現在也是有婦之夫了，孤獨時，想給他打電話，和他說說話，然而卻不能；他妻子知道他們還在通信，最近正吵著要和他離婚。

上次回上海探親，約他到一家幽靜的咖啡店，兩人默默無言，千言萬語不知從何說起。歲月的流逝，青春時的浪漫也隨著分居兩地而漸漸的消逝了。

那天有些冷，多希望他能擁抱她、吻她，安慰她一顆相思、寂寞的心。哪怕能聽到他說一句溫情的話，也許這一句話能改變她後半生的命運，但是他沒有！他冷靜的說了一句：回去後，自己多保重！

也許他很失望，曾經企盼著她回國，現在已為人妻，還有什麼可說呢？

她的心在流淚，輕輕地說了一聲：「我明天要回日本了。」

他點點頭，嘴角邊擠出一絲苦笑：「到了日本，有事來信，我仍會像以前那樣幫助你。」

兩顆受傷的心在黑暗中告別，沒有回眸含笑，各自邁著緩慢的，腳步朝不同的方向走去。

今天，她翻開男友耶誕節寄來的精緻卡片，上面寄託著昔日的深情：「一個夢碎成兩半，一半飄向遠方，另一半仍在我心中飄蕩！」

「在耶誕節蠟光絢麗照耀下，我衷心地祈求你，願我們天長地久。」

這天她哪裡也沒去，回憶少女時的戀情，不由惆悵萬分！

看著這間斗室，為自己在異國如此艱難生存而感到悲傷，內心又一次強烈地呼喊著：我不甘心，不甘心！

丈夫回來了，她沒有疾步迎上去，仍躺在沙發上。她多想結束這種生活，一個人過著無憂無慮的日子。

「怎麼啦？」丈夫進了門，感到異常，「是不是感冒了，沒吃藥吧？」

她沒有回答，丈夫有些生氣：「怎麼沒做飯？我特意早些回來的，同事一起拉著我去喝酒，我都沒去。」丈夫走到廚房。

今天她再也忍不住了，第一次對丈夫發脾氣，她把幾年來心中的怨氣積鬱通通發洩出來。她發瘋般地狂叫起來：「你就知道吃飯、吃飯，我寂寞！寂寞！你知道嗎？」

丈夫被她的驚叫嚇了一跳，見她裹著被子嚎啕大哭，急步走進屋，「你為什麼自己不出去玩呢？」

「我一個人玩什麼？」

「我要上班，怎麼能陪你呢！」丈夫有些生氣了。

「你就知道上班，上班！下了班回來喝酒。」

「我累了一天，回來喝些酒輕鬆一下，你不做菜，我出去喝！」丈夫也不容易，每天工作十幾個小時，一個科長什麼都要管。這兩年他削瘦多了，兩鬢添了不少白髮，肝臟也不好，他也沒有辦法，這能怪誰呢？

「你肝臟不好，我操盡了心，特意叫家中帶來漢方中藥，每天熬藥湯給你喝。可是你還想著天天喝酒。」說完，她抽泣起來。

丈夫沒精打采的走出家門，獨自又到小酒館喝起了悶酒……

她在屋裡傷心地嗚咽著，昏昏沉沉，不知過了多久，迷迷糊糊地睡著了。

她做了一個絢麗的夢，夢中她提著精巧的品牌手提包，穿著一套義大利套裝，手裡拿著一本紅色封面，印著「日本」二字的護照，昂然大步地走出虹橋機楊……他穿著西裝，微笑著在出口處等著她。

她興奮地疾步向前奔去，展開雙臂，對著窗外的藍天白雲呼喊著：我回來了，回來了！

多少年過去了，我們失去了聯繫。我們曾經是同班同學，一起學日語、一起拍照、逛商店……

聽說她丈夫的公司後來破產了，他也失業在家，雖然她加入了日本籍，可是她沒有什麼專長，離婚後，面臨生存問題。她已年過五十，不可能像當初留學生一樣出去打工，她能幹什麼呢？

當年我一直認為她不應該這麼早就在日本結婚，即使不去學校，回上海，九〇年代正是中國經濟發展的好時機。她聰明、能幹，貸款買兩套房子，日子會過得很好！

生活都不易，但要朝前看！做到：順境不喜、逆境不憂，保持一顆平常心，好運會意想不到的眷顧你！

不知道她現在住在什麼地方？我只能默默地，衷心祝願她快樂！

農夫的新娘

這裡是日本山形縣，境內群山連綿起伏，山上的松柏、杉樹翠綠茂盛；這裡還有溫泉，是東京著名的旅遊勝地。

東京人擠在嘈雜的城市裡，狹窄而擁擠，走出東京，偶爾去鄉下采風，更有一番情趣。於是東京廣告公司特意拍了一張約一米多長的旅遊廣告，貼在JR線所有的車廂內，山形縣更出名了。

廣告上是山形縣富山村的村民，村民們一張張純樸黑黝的面龐，真摯的笑容在召喚著城裡人：「來吧，山形縣的鄉親歡迎你們！」一年邁的「喔巴爽」（日語老人的意思）拉著孫兒，群山為背景，藍天為屏障，興高采烈地站在山頂上向大家在招手。一百多人的村莊，年輕人只有五個，中年人十多個，其餘的都是老人和孩子。

現在日本的農村年輕人，也不願意待在偏僻的鄉下，他們紛紛湧向東京、大阪等大城市工作。村裡很多男人沒有老婆，山裡又沒有妓院，去哪兒發洩呢。偶而去一次東京、新宿歌舞町尋歡作樂，可是山形縣的老農每月能有多少日元呢？

所以找新娘就成了大難題，哪個姑娘願意嫁到山裡去。於是村委會成立了「婚姻聯合會」，通過電視臺、新聞媒介呼籲大家來關心農村年輕人的婚姻問題，政府放寬了許多政策，歡迎國外的姑娘來日本山村扎根落戶。

哪個富裕國家的姑娘願意嫁到山溝裡去，只有菲律賓的農村姑娘願意嫁給日本農民。

一天，村裡來了一位眉清目秀的姑娘，苗條的身材，白淨的皮膚，姑娘微笑著，一雙水汪汪的大眼睛好奇地環顧著四周美麗的景色。

她身邊是一位五十多歲的男人，矮小的身體，黝黑粗糙的皮膚，雖然穿著西裝，一看是個「陳煥生」式的人物，（小說《陳煥生進城》中的人物，講的是一位農民進城的滑稽經歷）他叫吉岡，他拎著一個大皮箱，背著旅行袋招呼姑娘進屋。

東京城裡人不愛管閒事，山形縣的農村人不一樣，他們世代住在山裡，許多村民都有血緣親戚關係，整個村莊像大家族似的；左鄰右舍經常串門，保持著山裡人純樸而友善的鄰里關係。

「吉岡，哪來的姑娘？」一位胖乎乎、面容可親的鄰居老大媽問。

「是上海姑娘！」吉岡張大著嘴興高采烈的說。

「長得像京都美人，你可真有福氣啊。」大媽笑咪咪的看著姑娘讚美著。

「嘿嘿，是啊，謝謝你，她還不會說日語，以後多多關照。」吉岡笑得眼睛咪成了一條線。

那位姑娘叫珊珊，她拘束的站著，聽不懂日語，不知道他們在說什麼。

她發現不遠有一間木結構的日本式房屋，幾位中年婦女悄悄地注視著她。她們都知道吉岡前段時間去了東京池袋一家婚姻介紹所，想找一個外國老婆。

吉岡原來有個菲律賓老婆，也是一位玲瓏小巧的美人。可是菲律賓老婆受不了窮鄉僻壤的生活，卷走了家裡所有的電器商品逃走了。

吉岡沒有什麼文化，又有些好色，老婆跑了，受不了長夜的寂寞，所以無論出多少介紹費用也要再娶一個老婆回家。東京姑娘不會要他，村裡又沒有年輕姑娘，怎麼辦？只有再找外國姑娘。

日本人不喜歡菲律賓姑娘，皮膚黑黝黝的，不好看；菲律賓國家窮，近來愛滋病患者不斷增長，很危險。

中國姑娘日本男人喜歡，膚色、臉型與日本人差不多；上海姑娘漂亮、聰明。

「裡面來，坐，坐。」吉罔拉著珊珊的手走進了一間陳舊的房間。

珊珊脫了鞋，走進屋，榻榻米上只有一張小方桌，上面堆滿了亂七八糟的東西。

「這……就是你的家？」珊珊不由驚異了。

怎麼沒有家具？她的眼睛發出疑問，她不會說日語，只會簡單地說：謝謝、你好，幾句問候語。

她呆呆地坐在榻榻米上，勞累、失望、孤獨使她一下子癱軟下來。

「這就是我未來的家嗎？」她不由自問，一切出乎意料。這個所謂的家，沒有一套新的家具和新穎的家用電器，連一個大紅「喜」字都沒有。

這是在做夢嗎？不，不是夢，珊珊睜大眼睛，疑惑地張望著。眼前這位山形縣的老農吉罔，前一個星期已成了她的丈夫。

珊珊不是一個水性楊花的姑娘，她在上海一家托兒所工作，是孩子喜愛的阿姨。今年三十歲，半年前通過小姐妹介紹，認識了在駐上海的東京國際婚姻介紹所當翻譯的一位上海人。珊珊的條件要找四十五歲以下的日本男子，介紹人說吉罔四十六歲。當時看吉罔很老實，珊珊想差一歲就算了吧。當他拿出護照登記時，她才發現吉罔已經五十一歲。可是珊珊已經拿了結婚戒指和一萬現金，買了很多時髦的衣服和化妝品。算了，珊珊一咬牙，結婚吧，能出國總比在中國好。

八〇年代，新聞電臺、報紙將日本宣傳成一個日元滿天飛的極樂世界。尤其是「洋插隊」的遊子回國，滿載而歸的現代化電器產品，使剛開放的中國人大開眼界：男人騎著最新式的「本田」摩托車，瀟灑神氣地在淮海路上兜風；姑娘個個時髦得滿面春風，想去日本的「待嫁」姑娘迫不及待的想加入「新貴族」的行列。

東京池袋一家婚姻介紹所，連續在《留學生新聞》上登廣告。這位老闆手中有幾百張中國年輕漂亮姑娘的照片，來登記的日本男人選到相中的照片，老闆就帶著他們一起來上海相親。豪華的賓館成了挑選新娘的場所，打扮得花枝招展的待嫁姑娘由翻譯領進大廳，她們個個懷著忐忑不安的心，等待著「召見」。

來自山形縣的吉罔看照片相中了珊珊，當珊珊被召見上樓，他看到如此端莊、漂亮的珊珊激動地說不出話來。

他連連地點頭：「好，好，美人！比照片上的還要美。」翻譯如實地用中文對珊珊說。珊珊不由羞紅了臉，心中泛起了一陣喜悅，彷彿這句美言像聖旨一樣，決定了她後半輩子的幸福。

來賓館的姑娘每天有幾十名，日本男子只有幾名，他們比當年挎著戰刀、扛著機槍闖入中國的前輩幸運。當年的侵略者選「花姑娘」沒有這樣的場面，當年國土被侵略，百姓被凌辱，她們被迫站在刺刀下，心中充滿了仇恨、憤怒。

而如今，一個個中國姑娘在沒有愛的前提下，爭先恐後、滿懷喜悅地想踏上這個印著太陽旗的國土上，以青春為代價、以美貌為誘餌、以婚姻為賭注、以踏上這塊小島為榮幸。

嗚呼，悲哀的中華民族！

嗚呼，「待嫁」的中國姑娘！

可悲、可歎、可哀、可恨、可憐……

沒有被選中的姑娘個個垂頭喪氣地離開了賓館，耐心等待著第二次「召見」。珊珊望著這位接納她的日本男人，雖然面龐黝黑，但還很憨厚；雖然矮小，穿著西裝，還很神氣，像個小老闆。

當天晚上他們在上海賓館豪華的餐廳用餐，招待熱情地遞上毛巾、用餐巾、倒茶水，珊珊受寵若驚。吉岡殷勤地招待著珊珊，那雙細小的雙眼不時閃著一絲淫猥。

「他看中你了，你真是福氣，今天面晤了三十位姑娘，才選中兩名。」當翻譯的上海姑娘對珊珊說。

「他明天陪你去友誼商店買戒指，你想買什麼儘管說，別客氣，他有的是錢。」

「……」珊珊是個老實的姑娘，不會「敲竹槓」。

吉罔來上海三天，珊珊享盡了「貴妃」的待遇：一頓頓豐盛的美餐，一件件精美的禮品使她恍惚置身在神仙般的日子裡，她相信這條「花嫁」之路會給她帶來後半輩子的幸福。

僅僅交往了三天，她將自己的命運系在吉罔身上，珊珊的父母也不反對這門國際婚姻。珊珊父親是上海一位工程師，經常去日本東京、大阪、名古屋考察。他們受到熱情的招待，住的是高級賓館，看到是的世界現代化一流城市，繁華的商場、發達的交通、清潔的市容。如今女兒也能去東京，父母高興都來不及。

雖然吉罔年齡大了點，可是他憨厚、老實，女兒不會受騙上當的。至於感情嘛，先結婚後戀愛，慢慢培養，父母這輩年齡的人不也是這樣過來的嗎。

幾個月後，珊珊辦完了一切手續，順利地踏上了飛向東京的旅程。

如今，呈現在珊珊眼前的不是繁華的東京，而是層層疊疊的山巒；這裡附近沒有一家超級市場，有的是一片片農田。

吉罔家門前一大片農田種著水稻，他是以種田為生的農村人。日本為保護本國農民的利益，禁止外國大米大量輸入日本，所以日本的大米價錢很貴，所以靠種稻田的農民可以過不錯的生活。

農民的房屋都是祖上幾十年前留下的，所以不需要付昂貴的房費，每天吃的是地裡種的蔬菜和大米，沒有其他的高消費可以花錢，所以可以攢下一些錢。

珊山來到日本，首先不習慣的是吃生菜、生魚片；珊珊想去小鎮商店買些自己喜歡吃的食品，可是吉罔連一分錢也不給她。

每天望著這間建在半山腰破舊的木房，珊珊不由流下了淚。她多想打國際電話向上海親人傾吐心中的煩悶，可是卻不能，打一次國際電話要花幾千日元，吉罔不允許。

吉罔倒是個守本分、憨厚的鄉下人，以前韓國老婆卷走了他全部電器產品逃回國了，現在他沒有什麼儲蓄了，這次國際婚姻介紹費和在上海給珊珊買的禮物就花了一百多萬日元。

「現在必須節省些用，一個月打幾次國際電話，起碼要一萬日元。寫信吧，才花八十元日幣。」吉罔拿出信封，信紙和郵票遞給珊珊。

珊珊拿著信紙一個字也寫不出來，能如實告知父母這裡的一切嗎？他們知道後會很著急，遠水解不了近渴，被左鄰右舍知道了要笑話她的。

左思右想，珊珊覺得不能坐以待斃，決定去找工作。她說服了丈夫在小鎮上找了一個洗碗的工作，辛辛苦苦掙來一點錢，卻被吉罔以女人掙錢，必須交給丈夫為藉口都拿走了。

這位老實巴腳的鄉下人，如今也知道要牢牢把握經濟大權。

珊珊氣得整整一天沒吃飯，她茫然地坐在榻榻米上，悲哀的雙目久久地凝望著遠處的群山。難道這就是大家羨慕的「花嫁」之路嗎？她無言地苦笑著，搖搖頭；眼前再一次浮現出幾個月前進賓館的場面，回想起來多麼可笑，多麼荒唐！

當時他們根本不知道吉冏是鄉下人，是日本的窮人。那位翻譯也不說，她應該知道吉冏的情況，她希望介紹成功，從中可以拿到二十萬日元的介紹費。

這和國際販賣人口有什麼區別，這個可惡的女人！現在珊珊心裡咒詛這個女人，她也恨吉冏欺騙了自己。

然而，她更恨自己，在婚姻大事上竟如此幼稚、草率。

一天清晨，她獨自爬上了山峰，望著天空中悠悠的白雲，她多想變成一隻鳥，自由自在地飛翔在藍天中，飛到母親身邊。她難以忍受這沒有愛的煎熬，她要擺脫這個婚姻，要逃出這個小山村！

她痛苦得感到一陣陣心絞疼，她多想閉上雙目，縱身一躍跳下山崖！一切悲痛瞬間消失了。眼前，浮現出母親期待的雙目，她發瘋般地對著蒼天叫喊起來：「媽媽，我要回去，回去！」一群山回蕩著這聲嘶人心肺的呼喚聲。

珊珊放聲的痛哭起來，淚水如泉水般的湧了出來，她終於將一切痛苦通通發洩出來了。不知哭了多少時候，她感到筋疲力盡，身體無力地靠著一棵松樹上，無聲地抽泣著。

夕陽染紅了半邊天，她邁著沉重的腳步，踉踉蹌蹌地向村裡走去。吉冏著急地找了她一下午，看到她回來，高興的摟著她說：「我以為你也要逃走了？」

第二天珊珊病倒了，被送到了小鎮醫院，診斷患了急性胰腺炎，因為長期營養不良和勞累過度而引起的。

日本小鄉鎮醫院雖然不及東京醫院好，也很清潔、安靜。珊珊一個人躺在病床上，醫生看她是中國人，不太會說日語，就用筆寫漢字進行交流，對她很照顧。

探病的時間到了，老鄉們拿著水果、糕點來看望親人，唯獨珊珊的床前空空蕩蕩的，沒有人來。珊珊默默無言地望著同房的病友，他們見到親人後喜悅的面龐，她悲傷萬分。

「這位姑娘是中國人吧，怪可憐的，丈夫每次都空著手來，真不懂情理。姑娘離開父母到這裡無親無眷，他一點兒也不體貼。」躺在珊珊旁一位四十多歲的婦人，對從東京趕來的妹妹說。

「真可憐。」東京妹妹聽了珊珊的事，拿出一張在東京工作的上海人名片，叫珊珊有事找同鄉商量。

同房的幾位病人給珊珊拿來了水果和糕點，一位老太太將幾千日元塞在珊珊的手中說：「一點小錢，你先買點吃的吧。」珊珊感動得說不出一句話，淚水忍不住流了出來。

天漸漸地黑了，病房裡變得更安靜了，這時她彷彿聽到一陣熟悉而清脆的童音：「王老師，我們來看你啦。」班裡的小朋友像喜鵲似地湧向床前，他們拿著鮮花，捧著蛋糕，還有一位小朋友拿著一個飛機模型來看她，孩子們拉著她的手高興而親昵地依偎著她。

「我們都很想你，王老師你在東京好嗎？」

「王老師，我每天都等著你來教兒歌，我唱起了『媽媽的吻』就想起你。你什麼時候回來教我們？」孩子們圍著她說著笑著。

她忍不住抱住可愛的孩子哭了起來，當她睜開眼睛時，發現自己抱著枕頭哭醒了。

她怕驚醒病友，將頭深深地埋在枕頭裡，她感到窒息，好像死亡即將來臨。

整整一夜，她的靈魂經歷了地獄般的火煉。

第二天夜裡，她抹去了眼淚，拿出那張名片，決定向東京沒有見過面的上海同鄉，發出SOS的國際求援電訊。

她爬了起來，走到走廊裡的電話機旁，撥起了電話，「喂，你是李先生嗎？很冒昧深夜來電話。快救救我，我也是上海人，幾個月前經人介紹結婚來到山形縣，我受不了這山村的生活和鄉下丈夫……」

「你是誰？」

「我是珊珊，是你東京的朋友友子小姐介紹的。」

「……」對方感到很突然。

「我要離婚！幫幫我，我會報答您的，你是我絕路逢生的救命恩人。」

這位來到東京五年的李先生愣住了，一個陌生電話半夜把他驚醒了，開始他有些惱火。可是當他聽到了珊珊急促的哀求後，他沉默了，他很想幫助這位無助無援的同鄉，可這不是一件容易的事。

怎麼能馬上幫她再找一個日本男子呢？這不是去超級市場買東西，付了錢拿了商品就走。她要辦離婚手續，離了婚才能來東京，何況他根本也不瞭解她。

珊珊見李先生沉默了，她著急地說：「我是上海幼兒院的教師，我父親是工程師。如果替我找一個住在日本的中國男人也行，只要讓我在日本住下來。要不幫在東京我介紹一份的工作，黑下來也行，趁現在沒有孩子我要離開這裡。救救我吧！」珊珊幾乎哭著哀求道。

此時此刻，她如同一位溺水的人抓住一根救命稻草，絕不會輕易放棄。她要逃出山形縣，馬上離開鄉下男人，只要能到東京，幹什麼都有行。

李先生勸道：「你別急！千萬別黑下來，黑戶口沒有合法身分，辦什麼也不行。可我一時不知道怎麼辦才好，我一定會幫助你的，耐心等待……」

「你一定要想辦法，求求你，我一定會報答你的。快給我消息，我一天也呆不下去了，呆不下去了……」珊珊哭泣起來了。

「好，好，你放心，我一定會給你消息的。」

電話斷了，這一夜珊珊沒有入睡。她期待著，恨不得天一亮就逃出群山。

昨天吉罔很晚空著手來看她，連一句問候的話也沒有說，她忍不住打了個寒戰，心裡感到一陣厭惡，她為自己盲目草率的舉動後悔莫及。

沒想到幾天後，李先生將她的遭遇寫成了一篇通訊，發表在《留學生新聞》上，題為《嫁給日本農民的新娘》，這份發行量達幾萬份的留學生報，是在日中國留學生喜愛看的報紙，珊珊的遭遇引起了極大的反響。

不到幾天，編輯部成了應接不暇的接待室，每天電話不斷，中國留學生都關心珊珊的事。有些豪爽氣壯的中國男子，為同胞的遭遇動了俠義之情，有的提出幫助珊珊逃出山形縣；有的主動要幫她找工作，有的要幫她解決住宿……

電話鈴響個不停，來訪者接踵而至。詢問信每天幾十封，忙得幾位編輯不得不抽出時間來處理這件轟動全東京的上海新娘求救事件。

另一位來自上海的新娘看了珊珊的遭遇後，也給編輯部寫了一封催人淚下的信，這是一件比珊珊還駭人聽聞的事，那位上海新娘滿懷希望來到東京，卻被遊手好閒的丈夫逼良為娼。

《留學生新聞》記者就國際婚姻中出現的問題，專門走訪了橫濱法律事務所的三木律師。三木律師告誡說，盲目的國際婚姻給姑娘帶來後顧之憂，很多優秀、有前途的中國女性，嫁給不好的日本男人的例子，並非鳳毛麟角。

她提醒說：有的日本人去中國和姑娘結婚後，回國後又改變了初衷，遲遲不辦理妻子來日本的手續，也不辦離婚。有的日本男人花言巧語，和姑娘發生性關係後，實際上根本沒有與對方結婚的意思。

「世上不道德人總是有的，作為日本人有自身需要反省的地方，但更重要的是你本人，應該做出正確的判斷。」三木律師受理過許多件有關國際婚姻案件，報社請她對國際婚姻提一些看法。

她告誡說：「結婚對方應該是意志堅強、可以信賴的人，這樣的人會不屈服外界壓力，能按照自己的意志行事，這在國際婚姻中是相當重要的。那些連自己收入都向你保密的人，說明他根本不信任你。」

《留學生新聞》借珊珊之事向全體在日本留學生呼籲：本報就國際婚姻問題召開一次有律師參加的討論會。為了便於律師當場解答各種疑問，大家事先可以提出問題，信直接寄給本報，於是一場關於國際婚姻問題的專題討論轟轟烈烈的在東京展開了。

在日留學生也多了一個話題：「這些中國傻姑娘以為日本遍地是黃金，一點兒也不瞭解對方，竟嫁給了一個鄉下人，頭腦太簡單了。」

一位嫁到北海道大森林看林人的上海姑娘也趁著這股「東風」，從森林中逃了出來。因為她受不了丈夫每夜發洩不完的性欲，她逃到東京，托朋友找了一個地方躲了起來。

不久，報社記者又連續發表了幾篇比珊珊更悲慘命運的「上海新娘」的消息；於是中國新娘的事件像五級地震一樣，在中國留學生中震動很大，大家每天都在關心、議論著嫁到日本來的中國新娘的有關事件。

「連這個男人幹什麼職業都不知道，就將終身託付給他們？真傻！」

「她們不知道，以為日本到處是黃金。」

來到日本幾年的中國留學生，為中國「新娘」的草率行為感到不解：是什麼吸引她們，她們認為東京是天堂，對方是魔鬼也要跟著它走一圈。

天使與樂園，魔鬼與地獄，自古以來就有經緯分明的界線；迫切想嫁到國外的姑娘在金錢的誘惑中，什麼都分不清了。

嫁到日本來的中國姑娘大多數人希望破滅了，她們只好默默地吞下這顆苦果。為了虛偽的自尊，甘願將苦澀的心緊緊地裹住，而不露出一點蛛絲馬跡，更不會破繭而出。

由於珊珊受過一定的教育，也有一定的知識和膽量，她一直沒有放棄要結束這段婚姻。後來她在李先生和報社朋友的幫助下和吉岡離婚了，逃出了山形縣；不久與一位上海人同居在一起。

當李先生想再一次採訪她，她的「保護者」拒絕了李先生的要求，並請求以後不要來打擾他們。

幸運的是，珊珊不再是一位孤獨無援的「新娘」了，她有了一位能保護她的男人，有了一塊棲息之地。

李先生只得作罷，他不想擾亂珊珊漸漸平靜的心靈，他默默地祝願她獲得新生。

黑社會頭目的妻子

這家新開張的豪華高級酒店，坐落在東京池袋，鬧中取靜的小馬路上。

酒店是一位大公司老闆開的，為了吸引客人，今年特意招聘了五位年輕的中國姑娘，個個花容月貌，她們穿著顏色不同大開叉的中國旗袍，顯得格外嬌豔。

那位穿著玫瑰色絲綢旗袍的姑娘叫「玫玫」，長得漂亮，也最傲慢。

今天時間還早，客人沒有來，玫玫悠閒地坐在沙發上塗著指甲油。雖然店裡規定不許在上班時間化妝，要規規矩矩地坐著等客人，由於夥計也是中國人，日本老闆不來，這裡就是「社會主義大鍋飯」，哪有這麼多規矩，中國小姐照樣化妝、看書、有的還在背日語書。

「玫玫，男朋友近來怎麼樣？」芳芳問道。

「沒出息，整天在電子遊戲房玩，錢都輸光了，窮得叮璫響，無可救藥。」說起男友玫玫一肚子氣。玫玫的男朋友是上海人，長得很帥氣，在上影廠的幾部電影裡當過配角；可是到了日本願意打工，三天打魚，兩天曬網，沒有錢了，就問玫玫要。

「靠你一個人工作，你也夠幸苦的，」

「甩不掉，他流淚跪在你面前，我也不忍心：在國內他對我很好，來日本也是他幫我辦的，人不能忘恩負義。」玫玫歎了一口氣無奈的說。

她們正說著，門「砰」地一聲被撞開了。

「啥人呀，軋早就來，真討厭！」玫玫用上海話不滿地咕嚷著。

白天打工還沒緩過勁來，晚上八點鐘，又要來伺候你們這幫日本人。中國姑娘心裡都這麼想，為了謀生，有什麼辦法，只好懶洋洋地站起來上前招待。

進來的三位客人，其中一位頭髮燙著小卷，年紀約三十歲左右，長得倒也很帥氣，可是滿臉怒氣。他一屁股坐在沙發上就叫嚷起來，「怎麼沒小姐？」

玫玫一看是新客人，像沒有修養的公務員，她斜著一雙丹鳳眼沒好氣的說：「怎麼沒小姐，我們不是人嗎？」

那男子抬起頭來剛想發作，看是這位天仙女般的中國美人，怒氣頓時被融化了。他半天沒吱聲，瞪起眼睛直愣愣地望著玫玫。

幾位姑娘看到這情景都嚇壞了，她們知道這幾位客人不像是公司的職員，穿著黑色西裝，短髮燙著小卷，好像是黑社會成員。在日本，警司廳規定酒店不准招待黑社會的人，但店裡老闆不敢得罪這些人。如果他們不搗亂，夥計也會點頭哈腰招呼他們；錢還是要掙的，這幫傢伙派頭都很大，出手就是十幾萬。

昨天樓下一家酒店，進來一群黑社會的人，小姐熱情招待，不料那位小頭目喝醉了酒，責備小姐沒招待好，臨走打了夥計兩記耳光。這家酒店老闆也不是好惹的，打狗也要看主人，豈不是看不起我！於是找了這一帶黑社會頭目講理。

第二天，那位小頭目親自上門道歉並賠了五十萬日元。

這幾天，天皇去了中國訪問，許多黑社會和右傾分子都在活動，氣氛有些緊張。老闆特意關照夥計：不要招待生客。

這三位看來也是不速之客，夥計急忙上前打招呼：「對不起，我們這裡是會員制俱樂部，不接待生客。」

「怕我們不給錢嗎？」燙著小捲髮的男子盛氣凌人地從褲子口袋裡掏出一隻皮夾子，朝桌上一拋：「夠不夠？」他又從西裝口袋裡掏出一疊日元：「怎麼樣，夠今晚喝了吧？」

玫玫連忙走上前笑著說：「知道你是大老闆，有錢！好吧，今晚我們大家一起伺候你，別忘了給小姐一些小費。」玫玫笑盈盈地坐在他的對面。

她又用上海話對幾位小姐說：「大家都來吧，今天狠狠斬他一刀。」

「……」上海夥計害怕惹事生非，也不再說什麼了。

「你說日語好不好？」年齡較大的男子不高興地對一位姑娘說。

「對不起，她們剛從上海來，不懂日語，多包涵！你倆可是日本的美男子。」玫玫用日語奉承道。

「謝謝，謝謝！」他們頓時眉開眼笑。

「要一瓶白蘭地，再來一瓶威士忌，大家今晚痛痛快快地喝。」捲髮男子說。

夥計拿來酒，端來放在小碟裡的黃瓜、魚乾條、鹹蘿蔔。

「這些不夠，做些好吃的中國料理，你們喜歡吃什麼儘管說。」看來他是個小頭目。

幾位上海小姐在日語學校放了學後趕到銀座上班，經常來不及吃晚飯，只好挨著肚子來上班。有時碰到大方的客人，請她們吃義大利餡餅、炒麵，算吃上一頓晚餐。

由於酒店裡的料理價格很貴，一般客人是不點的，他們大多數是吃了便餐來喝酒的，小姐也只好餓著肚子來上班，來客人了，要喝加了冰水的威士忌，胃很不舒服。

今天很幸運，這位客人很大方，大家很高興，氣氛活躍起來了。

「你叫什麼名字？」捲髮男子問玫玫。

「我叫玫玫，玫瑰的玫，你姓什麼？」

「我叫矢崎俊男，他叫小山太郎。」矢崎指著旁邊一位沉默不言的小青年說。

「很好聽的名字。俊男，漢語的意思是英俊的男子。」玫玫的日語和口才很好，在酒店獨佔鰲頭，連日本小姐都望塵莫及。

玫玫原來是上海一家中學英語教師，父母都是大學教授，姐妹中她最能言善辯。到了日本，許多日本男人非常喜歡他，尤其是她說一口流利的英語，老闆佩服得五體投地。

今天她又說起來英語，沒有想到那位小捲髮得男子一下子從椅子上蹦了起來：「你的英語說得那麼好！」

「我在美國流過學，」她隨口而說；「只要我一說英語，你們日本人馬上肅然起敬！好像美國人是你們的爹，可是他們卻把爺爺給忘了。

「對，你說得沒錯！美國人就是他媽的日本人的爹！」

一位客人好奇地問：「爺爺是誰呀？」

玫玫高傲地說：「當然是中國人了，日本許多文化不就是從中國傳過來的嗎？美國人是戰敗後到日本，傳播了西方文化。現在的日本人只記住爹而忘了爺爺。現在爺爺窮了，他的兒孫也只好遠渡重洋來伺候你們了……」玫玫一套套的奇談怪論，常常把那些常客逗得哈哈大笑。

玫玫雖說是個喜歡打扮，愛虛榮的姑娘，還是很愛國的。

有一次，一位日本老闆說中國盡是難民，氣得玫玫說：「你喝醉了，快回去休息！」她揮手叫夥計來結帳。那位老闆喜歡玫玫，連連賠禮道歉。

今天她又要發揮特殊的口才，逗得他們開懷大笑。

「我喜歡中國，你們知道嗎，中國人勤奮，聰明，古代就有四大發明，美國是什麼？一個移民國！」捲髮男子慷慨的說著。

看來他還是蠻有知識的？店裡的姑娘看到他們不再緊張了，吃完了夥計做的蛋炒飯和一盆「麻婆豆腐」大家來精神了，對他們也熱情起來了。

大家說笑著，一直到十一點半，快下班了，他們還沒走的意思。

姑娘們非常累，不時地看表，恨不得攆他們走。

「今天不早了，你們也累了，讓你的兄弟回家吧！明天再來，」玫玫柔聲說道。

「好！今天看見那麼多美人，真高興！今天倒楣的事也忘了，明天再來。」矢崎滿臉春風的說著。

夥計一算帳：六萬五千日元，矢崎爽快地拿出八萬：「不要找了，給她們小費吧。」他趁小姐起身時，悄悄將一迭日元塞到玫玫手裡。

送走了客人，玫玫躲到衛生間掏出錢一看，哦，兩萬日元，她高興地對著鏡子跳了起來。在店裡，喜歡玫玫的客人很多，所以小費也多，有時一個月的小費和工資差不多。

以後矢崎經常一個人來，現在他在玫玫面前溫文爾雅。

後來玫玫才知道他三十八歲，畢業於日本大學經濟系。父親是一家國立醫院院長，很有名望。他說，他討厭學習，父母逼著沒辦法只好上大學。他性格倔強，畢業後在一家公司幹了沒多久，就辭職了。

後來進了一家貿易公司，公司的老闆是山口組的頭目，他看中了矢崎的聰明、才華和機靈，派他去海外進口綠寶石金銀首飾。有一次，他在馬來西亞進口的一批水果中藏了五公斤海洛因偷運進日本，老闆賞給了他幾百萬日幣。

從此，矢崎成了有名氣的黑社會小頭目。

他對玫玫出手大方，從不吝嗇，帶著玫玫去東京最好的商店買高貴的首飾，只要玫玫喜歡什麼，他就買什麼。他們逛遍了東京的名飯店和名勝古跡，他揮金如土的習慣滿足了玫玫的虛榮心。

矢崎沒有對玫玫有什麼過分的要求，一次喝醉了酒，深情的對玫玫說：「去情人旅館好嗎？」

「不行。」玫玫果斷地回絕。

「我知道你是一個不會輕易被男人引誘的姑娘，做我的妻子好嗎？」矢崎深情地注視著玫玫，認真地說。

「……」玫玫從來也沒想到要做他妻子，這太可怕了。

「我很可怕嗎？」矢崎問玫玫：「我們不去殺人放火，只是掙錢。我只管接業務，做成了生意我拿錢。嫁給我吧，我真的歡喜你！」

矢崎柔情地對玫玫說：「吻我一下，緊緊地擁抱我，我很孤獨；我離了兩次婚，她們都走了……」

聽了他的告白，玫玫有些感動；在六本木高級俱樂部舞廳裡，矢崎緊緊地擁抱住玫玫，玫玫沒有掙扎，她有點兒歡喜他，因為他直爽講義氣，公司一位同事老婆出了車禍，他送去了五十萬日元；玫玫過生日，他送了一根價值四十萬的鑽石手鏈。

自從認識了矢崎，玫玫越來越覺得男朋友太窩囊了，一個大男人連自己的學費也掙不出來，還不願意出去打工，還每天去出去玩電子遊戲機，有一次輸掉了十萬日元，嚇得躲在朋友家，不敢回來。

還是矢崎有氣派，有風度，愛情的天平開始傾斜了；這幾個月，矢崎不斷的在天平稱上加碼，他又為玫玫付了五十萬的學費。

玫玫已經厭倦了酒店的工作，伺候一群日本人，還不如伺候一個，萬一以後離婚，也有一大筆財產。玫玫終於答應了矢崎的要求，做他的妻子。

矢崎答應給她買一套三千萬日幣的公寓房，每月再給她三十萬日元零用錢。其他的錢她無權過問，至於他在外面幹什麼，不能問。如果他有一筆好生意，自然也少不了給她一筆可觀的小費。

他們婚前訂了君子條約，三不問：一不問他去何地出差。二不問他以前掙了多少錢。三不問他晚上去哪裡。

最後一條玫玫不太同意，可是矢崎說，以前我去找情人玩，現在結婚了，不會再去了，你放心吧。玫玫答應了，她也提了三條：一、回上海隆重辦婚事。二、在上海為她買一套別墅。三、保證每月如數給她生活費。

一切講妥，雙方都很滿意，互為互利，何為不樂呢。

何況，玫玫從一開始就沒有打算一輩子跟矢崎過日子，她非常清楚，矢崎幹的那份差事，隨時可能會有生命危險，走私還可以開個後門保出來，販毒可是國際通輯要犯。

反正已經說好，我無權干涉他工作，萬一他被抓起來，警司廳來找我，我一概不知。妻子不管丈夫的事，是無罪的。到時候拿一筆養老金回中國，也沒什麼損失，她知道矢崎有一筆可觀的錢存在銀行裡。

和男友分手時，玫玫流了幾滴眼淚。男友也無奈，競爭不過對手，既然要分手，何必反目成仇呢！不如好聚好散，說不定以後還有事相求。

玫玫覺得對不起男友，是男友幫她辦到日本來的；她拿出五十萬日元給男友，倆人灑淚分手。

婚禮宴會在上海希爾頓賓館舉行，婚禮場上熱鬧非凡；親朋好友無不玫玫羨慕她找了一個瀟灑、英俊又有錢的日本老公。

矢崎成了大家心目中的富翁，他揮金如土，婚禮場上一百多人，每人發了一大袋價值人民幣五百元的禮品，都是日本電器小商品。

玫玫父母笑得合不攏嘴，玫玫有學問又漂亮，一定能找到稱心如意的丈夫。他們對這位在日本大貿易公司當部長的女婿越看越喜歡：彬彬有禮，有教養又是大學畢業，父母都是醫生，門當戶對，正是前世積的德，婚禮在歡快的樂曲和一片讚揚聲中結束了。

玫玫成了矢崎的妻子，矢崎把她為當作掌上明珠，她不但比以前幾位妻子年輕、漂亮，不但還會說一口流利英語。

矢崎不太會說英語，出差到國外只能說幾句簡單的單詞。有一次到香港去，對方說英語，他聽不懂急得滿頭大汗，心想，如果能帶妻子出去該多好，可是他幹的活是保密的，絕不能帶外人去，也不能告訴妻子。

新婚密月去夏威夷旅遊，倆人纏纏綿綿、恩恩愛愛、男才女貌十分相配。這些日子，矢崎摟著嬌美的妻子，再也不想到公司企幹這份危險的工作了。可是不幹，就會失去眼前的一切，他無法擺脫金錢的誘惑。

兩個星期後，矢崎去公司上班了，每天很晚回來。他喜歡酗酒，十幾年的習慣他改變不了，以前的幾位妻子忍受不了他整天不歸，回來就是半夜醺醺的，只好離開他了。

玫玫知道日本男人的嗜好，她沒法改變這一切，就一直忍著。

一天男朋友來了電話，傷心地說，非常想她，在建築工地幹活，不料一根鋼筋落在腳上，腳被砸傷了，在家躺了兩個星期。

玫玫說，明天就去看他，正好矢崎喝完酒搖搖晃晃進來，他見玫玫沒有熱情地招呼他，有些生氣：「在和誰打電話？我打了半天電話也打不進來。」

「……」玫玫心中想著男朋友的事，裝不出笑臉。

「快，放洗澡水。今天怎麼這麼晚還不睡？」矢崎發現了什麼，他走到電話機旁，打開了留守電話的錄音，裡面是玫玫和男友動情的對話。

「好呀，原來和情人聊天。我每天拚命地工作，你躲在家裡偷情。」矢崎不由動了怒。

「是班裡一位男生，他腳受傷了，他很寂寞，就給我來電話。」

「他寂寞，你也寂寞，倆人正好同病相憐！」矢崎大罵一聲：「八嘎！」

「你罵什麼！」玫玫從一開始認識矢崎，就敢和他頂嘴，說來也奇怪，壞脾氣的矢崎竟能一直忍著。

以前的妻子和戀人沒有一個敢大聲指責他，只有這個中國老婆。今天心情不好，他聯繫的一批偷放在運貨架底下的十斤海洛因被查了出來，損失了幾億日元。

現在警司廳正在查此案，他危在旦夕，回到家，妻子沒有滿面笑容迎上來，還氣衝衝地指責他。他每天冒著隨時可能被抓去坐牢的危險，掙錢供她、養她，她竟沒有一點兒感謝之情。矢崎的忍耐到了極限，不由怒火沖天，一個箭步衝上去，「啪」地一下，狠狠打了玫玫一記耳光。

玫玫萬萬沒有想到平時對她溫情脈脈的丈夫，狠心的打了她，她也忍不住了，立即還了一下。這下可闖禍了，這位氣血方剛的男人，從來也沒被人打過。

以前打老婆，老婆只會掩著臉躲到臥室偷偷地哭泣。沒想到中國老婆竟然給他一個耳光，男子漢的威嚴徹底沒有了！他氣瘋了，衝了上去對玫玫拳打腳踢，邊揍邊罵；「八嘎，你給我滾回中國去！」

一個嬌弱的女子，哪是他的對手。玫玫被打得鼻青臉腫，嘴角流血，她哭叫著掩著臉衝出家門，逃到芳芳家裡。

整整一星期，她的臉沒有消腫。這位從小在家裡嬌養寵愛的公主，第一次被男人打，她望著鏡子中青一塊紫一塊的面孔，不由流淚滿面。

她哭得好傷心，此時此刻，她想起砸傷腳躺在家中的男友，雖然他沒有錢，可是他們相處三年，他從來也沒有對她發過一次脾氣。他們同居在一起，家務事都是他做的，連洗澡水也都是他放的。

玫玫多想去見男朋友，他一定會說，和矢崎離婚吧。是的，和他離婚！就幾個臭錢，有什麼了不起的，「鴉窟薩」（日本人對黑社會人員的稱呼）玫玫心裡忿忿地罵道。

玫玫氣得將戒指朝房間角落丟去，可是轉念一想，不行，這戒指值一百萬日元，萬一以後離了婚，沒錢把它賣了，還能維持生活。

玫玫躲在芳芳家躲了一個星期，獨自默默流淚。她不敢告訴家人，更不敢對他們說矢崎是黑社會的人，怕父母擔心。

第二天中午，矢崎酒醒了，人也清醒了，可是妻子逃掉了。

第三天，第四天還沒有回來，他有些著急了，去哪裡了，會不會回上海不來了？打電話回去問一下，不行，她父母聽了一定會著急的。

矢崎給所有認識玫玫的人打了電話，又去了酒店打聽，都說不曉得。

矢崎有些後悔了，幾天沒有玫玫的消息，有些想她了。玫玫雖說愛虛榮，但她心底還是很善良的，一次倆人在新宿車站看到一個拉二胡的中國人，玫玫聽著如泣如訴的《江河水》曲子，流淚了，她掏出了一萬日元給了他。

一次，鄉下遠方親戚來找工作，是她陪著親戚出去旅遊，還送了很多禮物給他們。

再說住在芳芳家的玫玫，日子不是很好過；她不能自已回去，一定要狠狠治治他。

聽到門鈴聲，玫玫打開門一看，不由驚愣了，原是男友支著拐棍來了。

「你怎麼知道我在這裡？」玫玫吃驚地問。

「芳芳告訴我的，說你被他……怎麼打成這樣！」男友見玫玫那張清秀的面龐青一塊紫一塊，心裡一陣難過。

玫玫急忙低下頭，她不願讓男友看到自己紅腫的臉。

「為什麼打你？他有幾張日元就霸道！我去找他，搶了我老婆，還……」自從矢崎娶了玫玫，男友心裡憋著一股怨氣壓在心頭，想要發洩。這次腳被壓傷，也因為想掙一口氣，拚命打工，可是錢沒掙到，腳卻受了傷。

「告訴我，他在哪裡？我找一幫福建人去揍他一頓！」

「你鬥不過他，他在涉谷一帶是頭目，手下有許多弟兄。」玫玫勸道。

「你為什麼一定要嫁給他？東京有的是闊老闆，你很聰明，為什麼偏要嫁給一個黑社會的男人？」

男友痛苦地垂著頭：「我無能，沒用，老婆被人搶走、挨打，自己卻無能為力……」男友放下拐棍，坐在榻榻米上，拉著玫玫的手深情地說：「我們回上海吧，離開日本，我去拍電影，唱歌，日子會很好的。」

「不！我已經走出這一步，」玫玫用手輕輕地撫摸著男友紗布包紮著的腳，忍不住哭出聲來，他們畢竟相處了五年。

其實男友很能幹，以前玫玫時髦的衣服，都是男友幫她裁剪的。出國前特意做了一件喬其紗的婚禮服，準備一年後回上海和玫玫結婚時穿。如今這套衣服仍掛在上海的衣櫃裡，她卻成了矢崎的新娘。

想起以往的一切，又看到男友現在苦痛的神情，玫玫覺得對不住他，她抱住了他，痛哭起來。

「和他離婚吧，我傷好了，就幹兩份工作，我能養活你，我不計較你過去的事……」男友望著玫玫憔悴的面孔，也忍不住流下了淚，倆人緊緊地擁抱著、哭泣著。

離別半年，昔日戀情復甦了，兩顆受傷的心在呼喚著，男友抑不住思念的煎熬，情感的欲火，他將玫玫緊緊地摟在胸前，瘋狂地吻著她的臉頰……

倆人如癡如醉地結合在一起，忘卻了悲哀，他們融合在情欲中，玫玫又回到了純情、歡樂戀愛的少女時代。此時此刻，她不是一個黑社會頭目的妻子，不用每天擔慮丈夫是否能平安回來，家中會突然闖進警視廳的人。

愛情能醫治心靈上的創傷，他們忘記了悲傷和殘酷的現實；可是走出伊甸園，回到充滿煙霧迷漫的塵世，他們又要面對現實，接下來怎麼辦？

「我準備黑下來兩年，拚命打工，賺些錢我們就回國。」

「親戚朋友都知道我已經結婚了，離了婚回去要被他們笑話的。」玫玫為難的說。

「不要去管別人怎麼看你，」

「不行，現在國內消費也很高，我要做美容，去卡拉OK，買一套別墅，你能辦到嗎？我不想用你掙來的辛苦錢去消費。」玫玫跟著矢崎揮霍慣了，她不想再回到原來的生活。

「我和他的關係是不會長久的，我沒有打算和他過一輩子；但我不能失去他，我需要他的錢。我已經偷偷存了許多錢，寄回上海了。」

男友臉色暗淡，不由歎息道：「我不強求你，但是不要再被他打了。」

「……」玫玫盈著淚說：「你回上海吧，你從小就嬌生慣養，回去開個小公司，錢我借給你。」

「用你的錢，等於在用他的錢，我算什麼？」男友不由氣憤地說。

玫玫生氣了，「是我以前打工的錢，不是他的錢；我爭取每年回來一次看你……如果有喜歡的人，也早些結婚吧。」

玫玫不太願意說出這句話，她仍喜歡性格溫和的男朋友，可是他快三十歲了，回上海憑他的相貌、嗓子和出國留學這塊招牌，一定會有許多姑娘追求他的。

自己就這樣混下去再說，萬一以後和矢崎分手了，和男友交個朋友不也很好嗎。玫玫在感情上還是很需要他，如果他能像矢崎那麼有錢，就十全十美了。

天地萬物，陰陽平衡，人生沒有十全十美！

倆人在悲戚中別離，玫玫望著男友支著拐棍一瘸瘸地消失在池袋車站的人群中，一陣悲淒湧上心頭。送走了男友，玫玫靜靜地坐在榻榻米上。戀情未消，腦海中滿是男友漂亮而憂傷的眼神。

傍晚，芳芳回來了，沒想到她背後走進來的竟是矢崎！

原來矢崎天天去酒店，一天喝醉了酒，後悔的說，不應該打玫玫，對不起她，玫玫在國外沒有親人，丈夫就是她唯一的保護人。至今下落不明，如果有個三長兩短，怎麼向她父母交代。

芳芳看矢崎可憐，覺得玫玫一直住在外面也不是辦法，忍不住將玫玫的消息告訴了他。

玫玫仍在回想著與男友的情愛，一看矢崎進來，她討厭的扭過臉，沒有看他。

矢崎迫不及待地問：「我著急得四處找你，每天都在等電話！」矢崎又變成了彬彬有禮的日本人；他坐在玫玫身邊，欲拉她的手，玫玫將手甩掉。

「對不起，以後保證不動手了！我錯了，向你賠禮。」矢崎向玫玫鞠躬道歉。

他可從來沒有對任何一個女人道過歉，如今娶了這樣一位厲害的中國老婆，連小兄弟也取笑他，說他被中國美人迷上了，跪倒在石榴裙下。

他看到玫玫的臉青腫未退，忍不住說：「真對不起，原諒我一次吧。」

芳芳勸道：「回去吧，他已經賠禮道歉了。他天天來店裡喝悶酒，看他也很可憐，就原諒他一次吧。」

玫玫哭了，她感到自己太委屈了。從小在家人人疼，各個愛，父母從不大聲斥責她，沒想到來日本，卻被日本男人打得渾身青紫，實在咽不下這口氣。

是呀，為什麼不找別的老闆，偏偏找他，每天提心吊膽的過日子，朋友也勸過她。可是金錢的誘惑實在太大了，她無法擺脫金錢的誘惑。

「這幾天公司很忙，金丸首相受賄，牽連到我們公司。最近政府又公佈了新的憲法，黑社會組織不能自行開公司，這次我們損失了幾億日元。」矢崎很少和玫玫講公司的事。

矢崎從口袋裡掏出幾張銀行磁卡說：「這裡是我以前存的一筆錢，萬一我有什麼事，這些錢你夠用了。如果我不出來，你先回上海，和你母親住在一起……矢崎的臉色有些陰沉，他動了感情：「你是我妻子，我要為你今後著想，不會讓你受苦的。」

玫玫終於感動了，畢竟是自己的丈夫，倆人的命運現在還牽在一起。何況矢崎以往，對她是百依百順。

她抬起頭，淚眼望著矢崎，他瘦了，眼睛也熬紅了，他每天也在擔心是否會被警視廳抓去。

矢崎將銀行卡塞到她手中，突然玫玫感到從未有的恐怖佔據了她的心，她害怕地縮回了手：「不，我不要，不要！」

不就是為了這一疊疊的錢，她才和戀愛五年的男友分手嗎？不就是為了錢，才被矢崎打的嗎？不就是為了得到更多的錢，整天憂心忡忡，擔心什麼時候大難臨來。

前幾天電視裡播出過山口組的一位成員被同夥人槍殺，矢崎徹夜未歸。有一次她做了惡夢，夢見矢崎被人追殺，渾身血淋淋逃回家，一頭栽到她懷裡，嚇得她大喊救命，睜眼一看是矢崎回來了。

她害怕得不敢看矢崎，不敢將惡夢告訴他。那天矢崎性欲很旺盛，他整整一個星期沒回來，儘管矢崎溫柔地做愛，想讓玫玫歡樂，可是玫玫怎麼也提不起精神，矢崎越溫柔、體貼，她越感到痛苦。

她害怕哪天夜裡，她永遠一個人孤獨地躺在這張床上。

矢崎見玫玫害怕得緊縮身體，他說：「別害怕，我不會出事的，國會參議員、自民黨的頭目和我父親是老朋友，即使我進去了，也會被保出來的，放心吧。現在你心情不好，回上海去住一段時間，好嗎？」

矢崎哄著玫玫，他知道玫玫一個人在日本很孤獨，有時也經常問她，和父母通電話了嗎？逢到過年過節，總要提醒她給父母買些禮品寄回去。

玫玫不再哭了，日子還要過下去。

「今晚去新宿看電影好嗎，聽說是中國得獎片，《大紅燈籠高高照》。」矢崎千方百計討好玫玫，以前他可沒有這樣對待兩位日本老妻子，她們受不了他的冷淡離婚走了。

這些年他的性格也變得溫和多了，他的人生宗旨是，對男人絕不能低頭，對女人低頭沒關係，好女人是男人的解愁之藥。

「洗臉化妝一下，走吧，芳芳和我們一起去外面吃晚飯。」

「不用了，你們去吧。」芳芳在廚房裡對玫玫說，「回去吧，他平時對你不錯的。我們都說矢崎看見你，就像老鼠見了貓。」芳芳用上海話說。

「你說什麼？」矢崎急忙問芳芳，「我們說你見了玫玫，就像見老鼠了貓。」芳芳用日語說。

「是呀，我是個大老鼠，見了貓只好老老實實，我是個『八嘎』，對嗎？日本女孩有的是，怎麼會討一個這樣厲害的中國老婆，自己也不明白，」矢崎說完忍不住笑了。

「再去討個日本老婆也來得及。」玫玫氣嚷嚷地說。

「有了你，我不想再娶了。我真的非常愛你，這些天，每天夜裡都睡不著，想你……」矢崎俯在玫玫的身邊輕輕地說，並搖搖手，示意別讓芳芳聽到。

他拉著玫玫的手說：「好了，中日友好！」看他像孩子般的模樣，玫玫忍不住笑了。

他倆向芳芳道謝告別，坐上了矢崎開來的新轎車，一溜煙地朝前開去。

十幾年過去了，一位朋友曾經在上海東方商廈看到她，她一個人在逛街購物，雖然很時髦，但也蒼老了很多。

不道她是否還和矢崎生活在一起？她的人生終點在何處？

情歸何處

有一年冬天，我剛回東京，深夜，突然接到清水先生的電話，他非常著急地對我說：「你能不能幫我做一件事？」

我連忙問：「什麼事？」

「我的上海新娘失蹤了！」

清水先生是日本人，在日本一家有名的影視公司工作，職務是科長。五年前，我的第一本書《東京私人檔案》出版後，《中文導報》在東京勞動會館召開中日文化交流會，我在那裡簽名售書。

清水先生也來了，很高興買了我的書。凡是來買中文書的日本人，大多數是學過幾年中文或對中國文化感興趣。

那天我把電話號碼寫給他，告訴他，如果以後想學中文，我可以教他。

過去好幾年了，那年夏天，我代替一位朋友教中文，當我走進教室，發現一個熟悉的面孔，好像在哪見過！一時想不起來。

中文課結束後，他走到我面前，高興地對我說：「噢！原來是你呀！還記得吧？前幾年我買過你的一本書。」

我這才想起來：「兩次遇見你，看來你對中國文化很感興趣？」

他說：「是的，我很喜歡中國的歷史、文化。」

在教室裡，他又買了我一本小說《懺悔夢》中文課結束後，我們一起走到車站，他與高采烈的告訴我：「我結婚了，娶了一位中國老婆，是你們上海人。」

我有些吃驚，他看起好像年近五十，怎麼才結婚呢？我故意調侃著問他：「新娘妙齡多少？」

「三十五歲。」他滿臉洋溢著喜悅。

我不由看了看他：「你們相差多少歲？」

「二十多歲，我沒有結過婚噢！」

「你們在哪裡相識的？」

「在一家酒店，按你們中國人的俗語講，酒店是我們相戀的月下老，」他自豪地的說：「她長得很漂亮！」

我一聽，有些不妙！年齡相差那麼多，能有真正的愛嗎？

最近日本大使館對中國留學生的簽證管得很嚴，警視廳在查沒有簽證的各國留學生，發現後馬上遣送回本國，幾年內不得入境。所以最近很多沒有簽證，不想做黑戶口的中國姑娘急著想找日本男人趕緊結婚，這樣就馬上有簽證了。

他喜氣洋洋繼續說：「前些天，新娘回上海過生日了，我給她帶了很多錢。她來電說，在家開了一個生日派對，許多朋友都來慶賀，這次回上海，她非常高興。」

我心想：有錢當然高興，可生活不是每天都有生日派對。憑直覺，我感到他們的婚姻潛伏著危機，很多日本男人真的有些傻，工作認真，看人走眼！他們根本不瞭解有些上海姑娘所謂的聰明和計謀。

由於我們不是很熟悉，又看到他高興的神態，不便告誡和提醒他；我們邊走邊聊電影和書籍，進了車站我們就分手了。

不久，我結束了教中文的工作，回到了上海，聯繫拍攝電視劇《遠嫁日本》的一系列事項。在這期間，和清水先生通過幾次電話，希望他能幫我找投資商，介紹日本廣告商和電視臺的朋友。

他很熱情的將有關朋友的名片複印後傳了過來，他說，希望能早日拍攝成功！中國新娘在日本結婚的故事，你一定寫得很精彩！

我心裡想，他不知道我寫的遠嫁日本的新娘，命運都不是很好！

我問起他年輕、漂亮的新娘現在怎麼樣了？他樂呵呵地說：「她很好，很好！現在每天在打工。」

我問：「打什麼工？」

他說：「在日本料理店幹活。」

我知道嫁給日本男人的中國新娘，她們在結婚前就做好了二手準備，結婚後藉口說在家很寂寞，想去上班；自己掙的錢都儲蓄起來，吃、用是日本老公的，自己不會掏錢用在家裡。萬一離婚了，不會弄得人財兩空。

我故意問：「你掙那麼多錢，為什麼還要讓她打工？」

他說：「是她自己要去的，她說，待在家太寂寞了。」

我知道這位新娘也在走這條路，很不妙，但我不能和他直說，萬一被他的新娘知道了會責問我：你怎麼知道我以後會離婚？

「你這是在破壞我們的婚姻！」我知道上海姑娘的狡辯是一套套的，我何必要摻和進去呢？中國有句俗語：寧拆十座橋，不拆一對婚！

所以我也只好難得糊塗！尤其是在日本，日本人不會管不熟悉朋友的家事，他們心裡清楚知道會發生什麼，嘴上還一定會說，你的中國新娘太能幹了！你很幸福！

所以我也只好隨鄉入俗了。沒有幾個月，他來電話了！我的猜測被言中，所以我沒有很吃驚，只是問他：「怎麼會失蹤的呢？」

他說：「前一星期，突然接到她在拘留所打來的電話，她被警察抓住了。

我這才知道原來她在新宿一家酒店打工，這家酒店許多姑娘都是黑戶口，被警視廳查出，她們都被抓進了入管局拘留所。

「後來我去保她，她被放了出來。我很生氣，因為她說謊在一家料理店工作，我就讓她去了，哪裡知道她竟在酒店打工！你說這多丟臉，還把我當丈夫嗎？」

清水先生越說越生氣：「我譴責她欺騙了我，和我結婚是別有用心！我生氣的說，我們離婚吧。」

「當時她沒有說什麼，很委屈的樣子，看看她也瘦了，我也很心疼；當時沒有再說什麼，只是希望她不要再去酒店打工了，我能養活她。」

我知道她早就已經做好了準備掙夠了錢，離婚後回中國，可是清水一直是被蒙在鼓裡。

「沒有想到，昨天，她突然離開了家，不知去向。我趕緊到店裡找過，店長說沒有來上班。我又去認識她朋友家找，也都沒有找到她。」

我勸道：「她不會失蹤的，肯定是躲在朋友家裡。」

清水冷靜下來了：「你什麼時間回上海？幫我打個電話，問問她家人，她回上海了沒有？」看來他很著急，畢竟是自己的妻子。

他把妻子在上海的家庭住址和電話號碼告訴了我。

我問：「你為什麼自己不打呢？」

他答道：「我不會說中國話，她家人又聽不懂日本話，反而更麻煩。」

我不太想管這份閒事，我很清楚有的留學生就是將結婚作為簽證的一個跳板；結婚後拿到日本護照後，她們隨時準備撤退——離婚！在有簽證的時間裡，趕緊打工，掙夠了錢，去其他國家簽證不是很嚴的國家——澳大利亞、玻利維亞、塞班等國。

這樣的生活態度和人生觀，並不完全是因為生活所迫；其實在留學生面前有許多路可以走，可以去讀專科學校、找一些小公司上班，可以和有簽證的中國留學生結婚，可是她們自認為走的是一條又快又方便的捷徑。

我無法對清水先生說這些現象。他很焦急，請求我一定要幫忙找她，我只好答應。

兩個星期後，我回到上海，按照他給的電話號碼打了電話，電話不通，我懷疑她給清水的是假電話號碼。

雖然有上海的地址，但離我家很遠，我不想費力的去找：如果我去了，她不願意回國，我沒有辦法說服她！還有一種可能是：她躲在東京哪位朋友家裡，等事情過去了，到其他國家有眉目了，下一步計畫就是——離婚。

她知道丈夫已經不會相信她了，也不可能讓她再出去打工，自己絕不會甘心守著一位比她大二十多歲的老頭過一輩子。

當我返到東京後，給清水打了電話說：「非常抱歉，我打過電話了，但是電話不通，也許她們搬家了。」我不能說，電話號碼可能是假的。

清水懊喪的說：「讓你費心了，她的確沒有回上海，今天白天來過一次，把她的東西都拿走了，我要馬上就和她離婚！」

「以前我很喜歡中國，也喜歡中國姑娘。現在我受騙上當了！我問過周圍許多和中國姑娘結婚的日本人，他們都說受騙了。她們並不愛我們，只是想留在日本。我不明白她們為什麼要這樣！我真心喜歡她，可她卻利用我。」清水先生在新娘失蹤後，清醒了許多。

我說：「你再耐心等待吧，也許她還會回來，回來後你們再好好談談。」

其實這話等於白說，日本人雖然看人易走眼，一旦發現你欺騙了他，他絕不會再相信你了。

由於回上海採訪後，趕緊要寫稿件，我沒有再繼續關注清水的這樁婚姻。

春節，要寫《遠嫁日本》的劇本，想再採訪幾位中國新娘，翻開名片本，清水先生的名子躍入眼簾，突然想起他和中國妻子的事，這不是一個現成的故事嗎，於是我打了電話給清水。

他不像以前那樣熱情了，他沮喪的告訴我說：「我離婚了。上海姑娘很聰明，可是她們在個人的婚姻大事上不應該這樣，北京和大連的姑娘沒有上海姑娘這樣會要小聰明。」

他說的是事實，我也是上海人，無言可答。記的有一次回上海，遇見一位日本人，他六十多歲，會說一口流利的中國話。

我很奇怪他的中文怎麼會說得這樣好。

他得意的告訴我說：「我雖然是日本人，可我也是老上海，」

你是華僑嗎？我問道。

他說：我解放前就在上海做生意了，所以我很喜歡上海！」所以最近他也娶了一位四十多歲的上海新娘，現在住在日本。

我問道：「你們生活得好嗎？」

他沉思了一會搖搖頭，苦笑著說：「你們上海人講，不看不曉得，一看嚇一跳。我是不結婚不知道，一結婚嚇一跳！上海女人太厲害了。我朋友娶了哈爾濱姑娘，大連姑娘，她們都很好；唯有娶了上海姑娘，大多數都離婚了。」

我不好判斷孰是孰非。他還說：「上海姑娘心計多，門檻精，會打小算盤；北方的姑娘直率、善良。」

那你為什麼還要娶上海姑娘？我笑著問。

他不好意思的笑著說：「上海姑娘真的很漂亮！」

清水的上海新娘也很漂亮，當初他很自豪的告訴我，可是不到一年就離婚了，我為他感到惋惜。由於這次不幸婚姻的緣故，他不再像以前那樣，樂呵呵的問我中國很多事情，我也感到很沮喪，他現在一定不相信中國人了？

他還會喜歡中國的文化嗎？他還會再買我的書嗎？他是否會認為上海姑娘都很壞？放下電話，沉思很久：上海人見多識廣，在各方面都表現得出類拔萃。

可是在婚姻問題上，有些人也很「出類拔萃」，她們自以為很聰明，把婚姻當兒戲，結果並不如意，聰明反被聰明誤！

姑娘們自己應該有所反省，否則只能陷入結婚、離異這個周而復始的怪圈中；無法找到自我，找到真正的幸福！

我後來沒有和清水再聯繫，我想，現在他看到上海人一定會想起他前妻，他不會像我們第一次簽名售書那樣興高采烈。日本人一旦上了當，他一定會很謹慎的和上海人接觸，所以我也不便和他聯繫。

但願晚年的他能夠幸福！上海人不都像他前妻一樣，在這個世界上，好人還是更多。

錯位的婚姻

人生猶如一場戲，在喜劇、悲劇、悲喜劇中每人扮演著不同的角色。

在日本留學二年的雯雯碰上了難題，她的簽證快到期了，丈夫年齡比她大五歲，是同校高材生。如果他能去考研究生，這樣她就能伴讀了。可是丈夫來日本比她晚，現在還在日本語言學校學習，日語不過關，考研究生困難，現在競爭十分激烈，要再念完一年日語才有把握。

怎麼辦？她不想沒有簽證黑下來，不願離開新婚三年的丈夫獨自回上海，在護照快結束的幾個月前，夫妻倆每天都為這件事憂慮。

雯雯畢業於上海同濟大學建築系，畢業後分在一家研究單位搞建築設計。她是一位非常聰明的姑娘，工作不到三年設計出上海第一批別墅商品房，博得上海中房公司領導的賞識。來日本兩年，就通過了日語一級能力的考試。

這天雯雯和往常一樣去日本料理店上班，她在這家料理店已幹了兩年，她長得漂亮、聰明，客人都很喜歡她。那天老闆娘還沒來，開店的準備工作都由雯雯幹。

她掃好了地，做好了簡單的配菜。每天大同小異：拌海帶絲、醃酸辣菜、拌綠豆芽和鹹黃瓜，每位客人都有一份，如果客人還需要什麼料理，另外點，價錢很便宜，每份五百日元。

門推開了，進來的是貿易公司的科長，他叫豐島，約四十多歲，人很善良，不多言語。他總是獨自坐在角落裡，喝上幾杯啤酒，唱幾首歌就走了。

客人多半是住在附近的，大家互相認識，有時客氣地打個招呼，互相敬幾杯啤酒，寒暄幾句。他以前不常來，雖然是獨身，可是公司在千葉縣，家住在池袋。

自從雯雯來店後，一星期來四次，他不善言語，每次都客氣的叫雯雯喝飲料。

這天他進來，沒精打采的樣子。

「晚上好，今天那麼早就來了？」雯雯問。

「今天感冒了，躺了一天覺得沒勁，出來喝一杯。」他笑著說完，就坐在角落裡的座位上。

雯雯連忙遞上一條小毛巾，從冰箱拿出一瓶啤酒，幫他斟酒上。

「不用著急，你先幹別的吧。」他客氣地說。他一口氣將一杯啤酒喝完：「真痛快！幹活累了，喝上一杯啤酒是最痛快的。」今天，雖然身體不好，可是他的話卻多了。

「你在家常喝酒嗎？」雯雯問道。

「不喝，白天很晚到家，一個人對著牆壁有什麼意思。酒店裡有酒喝、歌唱、老闆娘陪著，很開心。以前一直在家附近的小酒店喝，一個月工資差不多都給了老闆娘。有時晚上肚子餓了，老闆娘下點面，就算一頓晚餐了。」

雯雯笑著說：「趕緊結婚吧！家中有妻子，熱飯熱湯端上來該多好，何必天天來酒店，幾瓶啤酒、幾碟小菜要幾千日元，太貴了。」

「沒有錢，誰要我這個窮職員。」他歎息道。

突然他抬起頭反問道：「你為什麼不結婚？」

雯雯不知說什麼才好，她對客人說，她是獨身，還沒有結婚，這是老闆娘關照她必須這樣說。

「還沒找到合適的。」雯雯說著不由臉紅了。

她很不情願說自己沒有結婚，她非常愛丈夫，丈夫一表人才，對她十分體貼，兩人在學校的晚會上相識，一見鍾情，戀愛三年後結婚的。

結婚兩年，雯雯的阿姨幫她辦到日本留學。丈夫由於年齡大，辦了幾次未成，最後在天皇訪問中國時才批下來。他們新婚別離幾年，在異國他鄉團聚，更是相敬相愛。

雯雯紅著臉低下了頭，這細微的表情被豐島發現了，使他產生錯覺，莫不是雯雯喜歡自己？不會的，他馬上否定了。

自己快四十了，雯雯才二十五歲；其實雯雯已經三十歲了，看起來還是年輕。

豐島今天來了話題：「現在不結婚，年紀大了就找不到好對象了。」

「回國後再找。」雯雯隨口說。

不料豐島著急地問：「什麼時候你回上海？」

「快回去了，」說到回國，雯雯臉上心裡不免有些憂傷。

「你千萬不要回去，你走了，我們要寂寞了，每天來這裡就是為了能看到你。」豐島推了推那副架在鼻樑上的深度近視鏡，說出了心裡話。

「哈哈，是你寂寞了，可不是我們哦！」這時坐在邊上的一位常客笑呵呵的說。

「都一樣，每天和她說說話，很開心！」豐島喝了一杯熱的清酒，覺得出了汗，人感到舒服多了。

「不回去沒辦法，簽證快到了。」

「再去念書不行嗎？」豐島問。

「不行，我已經念完了專科學校，不能再考大學和研究生了，必須回去。我也不願意離開你們。」後面的一句話，雯雯是隨口溜出嘴邊的。

在小料理店幹了兩年，學會了說幾句唯心的奉承話，為了討客人喜歡。

雯雯這句話又給了豐島一個錯覺，今天雯雯說了知心話，她憂慮不安，豐島不由動了惻隱之心：「那怎麼辦呢？」

「沒辦法，今年四月分畢業，還有三個月時間。」雯雯想起這件事，也沒心思幹活了，她拿了一隻酒杯坐在豐島前面：「我喝一杯啤酒好嗎？」

「我知道你不喜歡喝酒，還是喝番茄飲料吧，有維生素，還能美容皮膚。」豐島為雯雯要了一杯番茄飲料。

他還是很體貼人的，雯雯喝著番茄飲料心裡想。

今天客人來的很多，雯雯匆匆喝了一口，只好起來，給客人端菜，放卡拉ＯＫ。

不知怎麼，豐島不時瞧著忙忙碌碌的雯雯，心裡充滿了憐愛。豐島很想幫助她，可是又無能為力，幫不上忙。

日本人固有的忍耐與壓抑，也同樣表現在對愛的追求上，尤其是社會地位不高，近四十歲以上的獨身。豐島也是這樣，他連表露心跡的勇氣也沒有，只是每天能看到雯雯，心裡就很高興。

雯雯不久要回國了，他有了一些急迫感，他多想約雯雯到外面去玩玩，去淺草寺廟、迪士尼樂園遊玩，可是他沒有勇氣說出來，他是性格內向的日本人。

簽證到期日一天天臨近了，雯雯和丈夫心急如焚，彷彿面臨生死離別一般，怎麼辦？回上海？不行，丈夫在學業上是刻苦鑽研的學者，回到家是個稱職的模範丈夫：做飯、洗衣等家務活全包。同學都羨慕雯雯找到了一位性格好，有學問、又能幹的丈夫。

沒有簽證就是黑戶口，不行，太塌台了，堂堂一名研究人員在日本成了黑戶口，丈夫也不會同意。一籌莫展，船到橋頭再轉舵。

這些日子，豐島也像中了魔似的，為雯雯買來了日中對照詞典，索尼收錄機。幾乎每個星期都要送一份禮物給雯雯。

雯雯把他當作一般的客人，並不喜歡他。然而，每收到一份禮物，總是帶著深深的歉意，微笑著向他道謝，豐島露出了開心的笑容。

那天傍晚，很少下雪的東京，紛紛揚揚下起了大雪，不一會，門前便積了厚厚的一層。街頭冷清清的，客人匆忙趕回家。豐島十點多也回去了，店裡沒剩下幾位客人。

雯雯要幹到十二點才能下班，她擔心今天怎麼回家，每天騎車來的，今天不行，只好將自行車放在店裡，坐計程車回去。

下班了後，雯雯站在街口等計程車。忽然，她看見斜對面的廣場公園裡奔出一個人，匆匆朝自己走來，待他走近一看，是豐島。他渾身是雪，凍得瑟瑟發抖。

「你怎麼沒回家？」雯雯好生奇怪。

「我發現下了雪，就在門口等到現在；今天路滑，想送你回去。」豐島凍得嘴唇哆嗦著。

看到他身上的積雪和發抖的模樣，雯雯知道他說的是真話。

他十點左右離開店的，足足在外面等了兩個小時！真傻，為什麼不到店裡來呢？

雯雯感動得說不出話來：「……謝謝你了，我坐車回去。」

「今天計程車叫不到，我出店時也想叫，等了二十分鐘也沒來。」豐島猶豫了一下說：你不能騎車，路太滑；你一個人半夜走那麼長的路不行，我送你回家吧。」

「不用……」雯雯不想讓他知道自己住的地方。

「不行！路很滑，我幫你推車，明天上班可以不用走來了。」雯雯無法推卻，豐島將自行車從店的旁邊推了出來。

雯雯不能推卻了，不由自主的跟在他後面，她打著傘，他們倆人迎著寒風細雪，默默地行走著。

一路上，他們沒有說什麼話。

夜很靜，只有淅淅颯颯的小雪打在傘上的聲音，他們走在雪地上嚓嚓的聲響。

雯雯家離店也就是三站路，但是他們覺得好像走裡很長的時間。

「好了，我家就在前面，謝謝你了。」雯雯在離家不遠的一條小路口停了下來。

「好吧，要小心點。」豐島把自行車給了雯雯。

「晚安！」雯雯向他告別。

當雯雯走到家門口前，看見豐島仍站在雪地裡。雯雯有些憐憫他，向他招招手示意叫他快回去。

這天夜裡，雯雯徹夜難眠，眼前一直浮現出豐島的身影。

離簽證只有兩個月了，一天晚上，雯雯說出了一個讓丈夫吃驚的方案：「我們假離婚，我找一個日本人假結婚，這樣就能留在日本了嗎？」

「說什麼瘋話？」丈夫生氣了。

「班裡一位女生也是這樣的，每年花五十萬日幣，買假結婚證。這樣還可已經常回國。否則黑下來，不能回上海看女兒，每年給五十萬，等於兩個月工資，十個月的工資自己拿，有什麼不划算？」

「誰和你假結婚？」丈夫隨口問了一句。

「店裡的客人豐島，他是獨身。」雯雯滿有信心地說。自從上次風雪夜後，她覺得豐島很喜歡她。

「發什麼神經病！」丈夫第一次發了脾氣。

「這並不影響我們一起生活，幹嘛要把結婚證書看那麼重要呢？」近來學校裡有幾位同學都辦了假結婚，所以雯雯也覺得沒什麼奇怪，「等你考上了研究生，我們再回去辦個手續，不就行了。」

「不行，不行。」丈夫生氣地翻身睡了。

他知道留學生中有辦假結婚的，班裡一位男生找了日本姑娘，每年給她七十萬日元；訂了三年「合同」，三年後他掙了一筆錢就拜拜，雯雯怎麼也會效仿這種方法？

這一夜雯雯澈底不眠，自己回去了，丈夫一個人留在日本，她也不放心。丈夫才氣橫溢，說不定哪位姑娘趁機找上門來，丈夫能抵得住誘惑嗎？

分居久了，和別人有了真情怎麼辦？只有一條路，假離婚後再假結婚。

在雯雯苦口婆心的勸導下，夫妻倆反覆醞釀了一個月，最後達成一致。可是丈夫關照，絕對不能讓豐島占你的便宜。

「怎麼會呢？我仍然住在家裡，他住自己的家中。再說，我也不會喜歡他。」雯雯滿有信心的說。

幾天後，雯雯將這個想法和豐島說了，豐島同意了，他沒有什麼損失，關鍵的是每天能看到雯雯。

這幾個月，他看著雯雯心神不安的神態，他也很著急又幫不上忙；現在只要出一張證明她就能有簽證了，也就這麼簡單，人生有時也不要太拘泥條條框框，反正我也沒有傷害到別人！

如果雯雯走了，他覺得生活好像沒有什麼樂趣了。

「你為什麼答應我？」雯雯疑惑地問道。

「只要每天能看到你，聽到你的笑聲、歌聲，我就心滿意足了；我配不上你，能幫助你，我就很高興，反正我這輩子不會結婚的。」豐島傷感的說：「你像我在初戀時的女友，太像了……」

「你們怎麼沒有結婚呢？」雯雯同情的問。

「她家裡不同意，她父親是保險公司的老闆，我是窮職員。我從小就失去了父母，只有一個弟弟在鄉下。」日本人不一般不輕易向外人表白自己的苦惱，雯雯看到了整天坐在酒店裡，一個日本男人真實的內心世界。

這一天他們坐在咖啡店裡，談了好久，擬好了協議書。

雯雯問，我要付你多少錢？

豐島生氣地說，我怎麼能收你的錢呢？這不是買賣！我願意幫助你。

雯雯真的很感動！她情不自禁得拉住豐島的手說：「我這輩子都不會忘記你的！」

「只要你在日本過得好，我也很高興。」

雯雯夫妻倆迅速飛往上海，以最快的速度辦好了離婚手續。

可是丈夫拿了離婚證書回到家裡，一天沒吃飯，傻乎乎地坐著。

雯雯招呼他吃飯，他大聲吼了起來：「為什麼要離婚，我太無能了！」

他第一次對雯雯發脾氣：「我們是在幹傻事，你知道嗎？」

「我還是屬於你的。」當雯雯拿了離婚證書時，百感交集，現在看到丈夫痛苦的神態，她忍不住擁抱著丈夫抽泣道：「我是不願意離開你，才走這一步的。」

丈夫流了淚，他哭自己的無能，他們多麼相愛，卻要離婚，為什麼要搞這個騙局？為什麼一定要在日本，為什麼不願在國內？

在國內他不會溜鬚拍馬，他寫了幾篇論文，上面要寫上幾位領導的名字，他大為惱火，一氣之下辭職到了日本。

不行，一定要考上研究生，讀完博士課程。為了夢寐以求的願望，為了讓愛人留在身旁，只有離婚這條路。這一夜，夫妻倆相擁而涕，好像經歷一場生離死別。

雯雯在大使館開了一張未婚證明，到了日本，在區設所辦了結婚證書。很順利，只需幾天時間，雯雯拿到了半年的結婚簽證。

辦完了一切手續，壓在夫妻倆心頭的石頭總算落地，雯雯不用上學交學費，能和丈夫生活在一起，這巨大的變化僅僅是換了兩張證書。

證書變了，實質沒有變，雯雯仍然每天和丈夫生活在一起。

豐島還是每天去酒店喝酒，他們之間像什麼也沒有發生過一樣，到了關店，豐島回到住了二十年的獨身公寓。

可是當雯雯看到豐島推了推深度近視眼鏡，朝她點頭說聲：再見！她總有一份深深的歉意。

幾個月過去阿，豐島沒有說過一句非分的話，沒有一次要求和她一起回家。班裡一位假結婚的女同學，婚後那位日本丈夫就提出過性生活，同學不同意：「我已經給你錢了，我們不是夫妻。」

日本男人耍無賴的說，領了結婚證書就是夫妻，否則就告到入管局去。

「假結婚」是那個特殊的年代，有的留學生鑽法律空子，想留下來的「歪門邪道」。後來日本入管局知道了這個行為，採取了很多方法：新結婚的，半年一次簽證、查問雙方婚後的生活習慣和細節：你男人穿什麼牌短褲？平時喜歡吃什麼料理？如果兩人的回答不一樣，就懷疑是假結婚，不給簽證！

所以即使是假結婚，也要找有信譽的男人。

眼前的他不但不要錢，還真正心希望她幸福，雯雯覺得很有愧於他。

她對丈夫說，過年了送些禮物給他或請他來吃飯，丈夫聽了沒吱聲，雯雯就不再提了。

由於現在生活穩定了，雯雯夫妻換了一間有浴室的房間。這天，豐島休息，他買了一台吸塵器，想去幫助她打掃房間。

在房門口，看見一雙男人的皮鞋，誰在這裡？莫不是她同學？當他打開門一看，只見一個男人躺在床上，原來她有男朋友，他有些驚異。

「噢，你是？」雯雯見他踏進門，很尷尬的說，「那是我表哥。」

丈夫一下子從床上跳了起來，豐島客氣地對雯雯的丈夫問候「……你好。」

三人面面相覷，非常難堪。丈夫臉色不好，什麼表哥，我是你丈夫，雯雯從丈夫的眼中看到潛臺詞。

原來你有喜歡的男朋友？雯雯從豐島呆滯的目光中讀到這句話，不知怎麼解釋才好。他們上一個月剛領了結婚證書，她還對豐島說自己是獨身，他相信了。事情已到了這一步，只好硬著頭皮走下去。

豐島放下新買來的吸塵器，對雯雯說：「我走了，明天來裝電話，你下午不要出去。」他又轉身對雯雯的「表哥」說了聲再見就走了。

他剛走不遠，丈夫對雯雯發脾氣：「我算什麼，丈夫變成了表哥！弄得這樣偷偷摸摸的。」

「只能這樣說，否則他發現我騙了他，第二天就提出離婚，我們不都完了嗎？他今天買東西特意送來，沒什麼錯。」

「……」丈夫轉過身，不吱聲了。這一天兩人悶悶不樂，誰也不說話。

晚上，雯雯去居酒家上班，豐島仍坐在角落傍的椅子上，彷彿什麼也沒有發生，低著頭喝著悶酒。

光陰如梭，不覺又過了數月，一切照樣。雯雯仍和丈夫一起生活，豐島沒事從不來到她房間來。

他偶然聽雯雯說家裡蟑螂多，星期日特意去商店買了一包滅蟑螂的膠藥給送到家去。敲敲門，雯雯不在，還沒放學。他有一把鑰匙，就打門進去了。房間裡有些雜亂，桌上的飯碗也沒洗；衣服堆在洗衣機上。於是，豐島將碗洗乾淨，又去拿起洗衣機上的衣服，突然他發現衣服裡有一條男人的襪子落了下來，仔細一看，還有男人的襯衫和短褲。

他驚異了，雯雯男朋友也住在這裡，她從來也沒說過？可是轉念一想：我有什麼權利干涉她的私生活呢？我雖是她「丈夫」，可是我們約法三章，大家都要遵守。

他站著想了一會，隨後將衣服放進了洗衣機裡，又將房間吸了塵，房間整潔多了。打開冰箱一看，蔬菜、葷菜不少，都沒有做。好吧，今天做幾個日本料理，讓她回來就可以吃了。

他挽起了衣袖，做起了涼拌粉絲黃瓜、酸辣菜、炸雞腿，不到半個小時，做好了幾道菜。一看手錶，快七點了，雯雯還沒回來，一定是放了學直接去店裡了。

今天他也幹累了，躺在榻榻米上想休息一會。這幾天公司忙著結月底帳，每天加班到十點，又去酒店坐三個小時，凌晨一點才睡。第二天六點就要起來，公司離家很遠，要坐一個多小時才到。

這幾天每天只睡四、五個小時，今天又累又乏，不知不覺地睡著了，睡到十一點多還沒醒來。

雯雯的丈夫十一點下班回來，當他看到屋亮著燈，好生奇怪，雯雯沒去上班？是不是身體不好？他著急地踏上樓梯，當他打開門一看，不由火冒三丈，豐島在他們的床上睡著了。這算什麼，半夜三更到我家，他真的變成了這屋裡的主人了。

原來房間是以豐島的名義借的，對房東說是夫妻倆住，二十萬押金也是豐島替雯雯付。丈夫正要發作，一想不對，我半夜回來，讓他知道我是雯雯的丈夫，我們欺騙了他，他一怒之下要「離婚」，雯雯只能回國了。

丈夫冷靜想了一下，悄悄地退出了房間。

夜，很寂靜，路上沒有幾個行人；偶爾有幾個喝得爛醉的男人搖搖晃晃地走著。丈夫躑躅在街頭，像個流浪者，此時此刻，他心裡很惱火、悲傷。

自己成了什麼，有家不能回？他靠在路口的電線杆上抽起了煙：當初讓雯雯回上海住一年，自己拚命念書，等考上了研究生，雯雯再申請來日本，不也很好嗎？為什麼沒有這樣做呢？既然不喜歡在異國像三等公民般的生活，為什麼又不想回去呢？

丈夫雖說是學者型比較保守的男人，可是到了日本，對於周圍發生的一切，他也司空見慣了。今天班裡一位男生還說，他也剛辦好假結婚，大家付之一笑，有的男生還向他討教經驗。

看到遠處一輛自行車，一個熟悉的身影漸漸近了，雯雯上班回來了。

他沒有迎上去，仍站在原地。雯雯看到路燈下的丈夫，高興地說：「在等我嗎？怎麼還不睡覺。」

「有人在等你，我無家可歸。」丈夫冷冷地回答。

「怎麼啦？」雯雯好生奇怪。

「他睡在家裡，成了真正的主人啦！」

「怎麼會的？」雯雯有些生氣了，「不可能，他不是這樣的人。」雯雯匆匆地走進屋，果然，豐島躺在床上睡得正香，雯雯火冒三丈高，推醒了他，「你怎麼睡在這兒。」

「噢……」豐島一骨碌碌地爬了起來：「啊哎！對不起，我幹完了活想休息一會，怎麼就睡著了，」

豐島左右回顧，不由失聲叫道，「對不起！晚上我送蟑螂藥來，所以下了班買好了就送來。進來後看到屋裡沒收拾，就打掃房間，晚飯都做好了。」豐島結結巴巴地說著。

雯雯看到桌上燒好的飯菜，還有晾在浴室內洗好的衣服，她為自己發火感到內疚。

「我今天有些累了，每天睡四個小時，對不起。你吃飯吧，嘗嘗我做的日本菜。」豐島說完，轉身向外走去。

「……」雯雯不知道說什麼才好，當豐島穿好了鞋打開門，她想起了他還沒吃晚飯，「你吃晚飯了嗎？」

「回去吃，昨天還剩下一點菜，喝點啤酒，想早些休息，明天見。」他說完轉身就走了。

雯雯久久站立著，她感到不可思議，他連丈夫的衣服也洗了。

他真的僅僅是為了幫助自己，而沒有點愛慕之心嗎？雯雯的心情很沉重，她覺得自己背上了一個十字架。她不能無動於衷看著豐島為了她，強壓著自己的情感。他真的是一個性格內向的好男人，可是自己不喜愛他。

她默默地坐在床沿邊，望著放在小方桌上豐盛的晚餐，眼前浮現出豐島眼鏡後那雙憂鬱的雙目。她想起了那個風雪之夜，他冷得瑟瑟發抖，身上積滿了雪，足足等了她一個小時。

門打開了，丈夫拖著疲憊的身體和沉重的雙腳無力地走了進來。剛才他站在電線杆下看到豐島從屋裡出來，狠狠地將手中的煙頭丟在地上，一股怒火油然而生：不懷好意的豐島，趁雯雯下班回來佔便宜，你敢碰她一下，我絕不會對你客氣。

一進門見雯雯呆呆地坐在那兒，心想：不好，肯定是他剛才行為不軌。剛才看見他出門，就應該狠狠揍他一頓才是！還給他那張結婚證書，讓雯雯黑下來，也不受這份窩囊氣。

「告訴我，他是不是欺負你了。」丈夫著急地問。

「……沒有，你吃飯吧。」雯雯勉強露出一絲笑容。

「我問你，他剛才幹什麼了？」丈夫見雯雯扯開了話題，就越發懷疑，他叫了起來。

「你不要瞎懷疑別人。」雯雯也火了。

「你還替他辨護，好啊，你是他妻子，受法律保護的丈夫！」丈夫猛地一抬手，不小心正好碰在雯雯頭上。

「你憑什麼打人。」雯雯掩著臉不由抽泣起來。

丈夫走到門口，賭氣地靠在牆上，狠狠地抽起了煙。一個人在屋裡哭泣，一個人在外面賭氣。

已是清晨一點，丈夫從憤怒中清醒過來，今天八點還要去上課。他覺得肚子有些餓了，每天上兩個班，上午念完書後去一家小公司搞設計，幹到六點鐘後，再去一家咖啡店上班，一直到晚上十點才下班。

他看到桌上燒好的飯菜，不吱聲地坐了下來。奇怪，今天的菜怎麼不一樣，雯雯怎麼時候學會做正宗的日本料理，「你什麼時候學會做日本菜的。」他問

「不是我做的，是他，我的丈夫！」雯雯沒好氣衝著丈夫回答。

「他跑到這裡來做飯，名副其實的丈夫。」丈夫又來火了。這個日本男人，真有一套，一步步進軍，用不了幾個月，我的位置該是他了。

丈夫氣得將筷子一甩，雯雯實在這下忍不住了：「你哪像個男子漢，小雞肚腸，你總是歪曲豐島，人家比你心胸寬多了。」

「還幫他說話，如果他的老婆被別人搶走了，還心胸寬闊嗎？不是王八才怪呢？」

「你為什麼總把人家怎麼往壞裡想，為什麼不想想人家的好處？」雯雯覺得近來丈夫牛脾氣發得莫名其妙，以前他從不發脾氣。

「他有什麼好處？」丈夫不屑一顧地說。

「他是來送蟑螂藥的，看見屋裡堆得很亂，收拾乾淨了；連你的衣服也洗了。」雯雯說。

「……」丈夫不相信地看了看洗好的衣服。

「我放了學去寄信，來不及回家直接去店裡上班。是他做的晚飯，他這幾天工作太忙，沒休息好躺在這兒睡著了，看見我回來，連說對不起，馬上就走了。」

丈夫不相信日本男人有這麼好心，他裡裡外外看了一遍，臉上才由陰轉晴，有些後悔：「對不起，怪錯你了。」丈夫的肚子咕咕叫了，他也不管是誰做的飯，趕緊吃了起來。

丈夫吃飽後，躺在床上呼呼睡著了。

雯雯一夜失眠，下一步該怎麼走？如實告訴豐島自己已經結婚了？如果不說，長此下去，騙局總會被揭穿，自己良心會更不安。

事后，雯雯還是沒有說，豐島有時為她買些水果、蔬菜放在家中，將屋裡收拾乾淨不聲不響走了。只是最近他很少來酒店喝酒，問他為什麼？

他說，最近日本經濟不景氣，公司可能要解雇人員，萬一以後自己也解雇了，沒有工作生活就成問題，所以要攢一些錢。

雯雯聽了，也為他感到擔慮，從感情上來說，雯雯不喜愛他；但卻被他的無私精神感動了，除了不能當他的妻子，她什麼都可以回報他。

她只好買些小禮品送給他，他高興地拿著禮品，如獲至寶左看右看：那條蘭色領帶是雯雯送的，他經常戴著；送給他的打火機，不抽煙時，他經常捏在手裡看看。

雯雯終於決定將實情告訴豐島，她覺得已經深深的傷害了他，不忍心再繼續騙他；如果他要「離婚」，她不怪他。

這天晚上，她把一切如實地向豐島坦露了。出乎意料，豐島很平靜，與往常一樣，沒有什麼特別的表情。

他對雯雯說：「我已經看出來了，可是我不願意面對現實，不希望你正式告訴我……」

「非常對不起，當時說真話，怕你不同意……現在我們好朋友，我就不能再欺騙你了。」雯雯很痛苦，她實在不願意去傷害他那顆寂寞、壓抑的心。

「你有一位好丈夫，我為你感到高興。如果你不嫌棄我，我繼續幫你的忙，反正這輩子我也不會結婚的。」

雯雯很吃驚，她無法理解豐島的心理，雯雯覺得豐島十分愛戀她，奇怪的是當他們倆在一起時，豐島從來對她有任何非分要求，連接吻、擁抱都沒有。

雯雯想：莫不是長久獨身，心理有些變態？那天，他有些喝醉了，雯雯送他出了酒店，望著他蹣跚搖晃的背影消失在夜幕中，她的眼睛有些濕潤了。

回到家，她告訴丈夫，豐島同意繼續為她簽證，丈夫沉默了。他說不出豐島有什麼地方不對，人家幫你們忙，一分錢也不要；對自己老婆也沒有任何越禮行為，自己還歪曲他，實在是不應該！

這一年春節，丈夫對雯雯說，豐島也很可憐的，一個人待在家裡喝悶酒，不如他叫一起來聚餐。

豐島接到電話後，非常高興，買了許多年貨來到雯雯家，親自做了幾道日本菜，大家一起吃年夜飯喝著、聊著，彷彿像一家人一樣。

豐島還給了雯雯夫婦兩個紅紙包壓歲錢，每人兩萬日元。兩人道了謝，拿出從中國帶來的人參、人參蜂王漿送給豐島。

大家說說笑笑，十分快樂。豐島說明年要去中國，如果你們也回去，一定當他的導遊，雯雯夫妻滿口答應。

那天，玩到十二點鐘才結束，他們將豐島送出了大門，望著豐島孤單的身影消失在茫茫的黑夜中，他們心情仍是很沉重。

丈夫摟著雯雯的肩膀走進屋，不知怎麼，雯雯突然伏在丈夫的肩上抽泣起來，「他太可憐了，我們能幫他什麼？」

「他幫了我們，我們無形中也幫了他。」丈夫抬起頭深沉地說。

雯雯不理解地望著丈夫。丈夫對雯雯說：「逢年過節就讓他來我們家過吧，他一個人也很寂寞。」

在以後的幾年裡，他們像一家人一樣的來往。雯雯夫妻倆陪著豐島到了上海、蘇州、杭州遊玩，大家非常投緣。

他告訴雯雯，原來公司解雇的一位同事因為忍受不了孤獨，自殺了，現在日本每年有幾萬人自殺。

豐島說，遇見你們，我不再寂寞，生活精彩多了！

幾年後，不幸的是，豐島得了肝癌；為了能方便照顧他，他們讓豐島住在自己的家裡，陪他看病，特意從上海寄來的中藥每天熬給他喝。

一天，當雯雯將藥遞給他時，豐島抓住她的手說：「如果沒有你們，我就一個孤獨的躺在家裡，死了也沒有人知道。現在我感到很溫暖，幸福！感謝有你們！」

「你也幫助我們，我們真的很感謝你！」

不久，豐島去世了，雯雯夫婦倆悲痛萬分！照料了一切後事後，不久，他們也回國了。

在異國他鄉，遇見了一個理解和幫助他們的日本人，是他們的幸運！同是天涯淪落人。

千變萬化的人生奇遇構成了七彩世界，在世界上有你值得留戀的往事嗎？

如果有，這就是你曾經擁有過的財富和幸福！

被出賣的「中國新娘」

阿虹今夜下了班，抑止不住心中的喜悅，她迫不及待地想回到家，告訴男友喬民一個喜悅的好消息。

阿虹原是上海某師範大學物理系大學生，與喬民相識不到兩年。喬民是同校中文系學生，在一次學生會上，喬民侃侃而談的口才、矯健的舞姿吸引阿虹。

阿虹雖然在學業上是佼佼者，但她多愁善感，比較單純。她希望自己將來像居里夫人一樣，做一位傑出的物理學家。所以她每天捧著厚厚的教課書，耳邊塞著「隨身聽」，她對追求者的奉承、殷勤都付之一笑。

能言善辯的喬民並不是以追求者的身分出現在阿虹面前，而是以學校讀書會組長的身分和她談話，談人生、談哲學。喬民自費去日本前一個月，才確定了兩人的關係，喬民對她說，等我穩定下來後，一定幫你辦到日本去。

離別那天阿虹依依不捨，她已經習慣依賴比她大五歲的喬民。沒多久，喬民來信說留學太艱難，也很寂寞。等我還完了債，一定辦你到日本來，一年後，喬民果然幫阿虹辦好了自費留學的手續。

阿虹的母親不願讓女兒去日本留學，因為阿虹小時候從床上摔下來過，得了輕微腦震盪，後來有過間歇性精神病，雖然痊癒後，沒再犯過，可是母親仍然不放心。

其實喬民幫阿虹辦到日本來，並非思念阿虹，是阿虹對他有利用價值。在日本的男留學生找工作很難，沒有技術的只好去高田馬場打苦工，像他這樣搖筆桿子的書生來說，吃不起苦，當他看到同班女同學去銀座工作，每月最多要拿六十萬日元，心想如果把阿虹辦來，讓她去工作，生活費、學費不是都出來了嗎？

她來了，不但一日三餐有人照料；又能解決自己的「性飢餓」。雖然在日本能花錢去紅燈區玩女人，他擔心染上愛滋病。

他極端自私的想法，阿虹並不知曉，她稚氣天真，充滿了對喬民的愛慕，喬民為她墊付了到日本的所有費用，她感激萬分。

他們住的地方由於以後要拆遷，所以房費很便宜，每月才兩萬日元房費，廚房在房間隔壁，衛生間在底樓。阿虹的到來使簡陋的小木房有了生氣，房間打掃得乾乾淨淨的，在牆上掛上了自己畫的菊花水彩畫。

阿虹對未來充滿了希望，她希望喬民考上了研究生，自己伴讀，然後生個漂亮可愛的孩子，多麼幸福！

可是阿虹來日本不到一個星期，喬民就將她介紹到附近一家小酒店工作。雖然她不會說日語，可是年輕、漂亮，老闆娘給她一小時一千日元的工資。

半年後，喬民又介紹阿虹去了銀座的一家高級俱樂部工作，每小時兩千日元，每月工資三十萬左右。雖然，阿虹不習慣穿大開叉的旗袍，不習慣與客人周旋，可是她看到喬民伏案苦讀的情景，要為喬民付學費，什麼都忍了。

一年後，他們搬進了池袋兩室新公寓裡，喬民也考上了研究生，一切似乎都按阿虹的心願。

喬民在一家日本料理店打工，每天下午五點上班到十一點下班。回到家，累得就癱了下來，躺在床上就睡著。

那天夜裡，阿虹悄悄地附在對喬民耳邊說：「告訴你一個好消息。」

喬民問道：「什麼事？這麼神祕兮兮的。」現在他對阿虹有些厭倦了，以前他喜歡過幾個女孩，一旦玩膩了，輕鬆的說一聲，再見。那些純情，沒有心計的姑娘，怕名聲被毀，不敢找他麻煩，只好吞下苦果。

什麼好消息，店裡又給她加工資了？他非常想買一個兩用的「松下」收錄機和一個佳能照相機。於是，他十分柔情地摟住阿虹：「快告訴我，」

阿虹羞答答垂著頭，吻了喬民一下，嬌態萬分地說：「你要當爸爸了。」

什麼？喬民如同被雷擊一般，急忙推開阿虹：「真的嗎？」

他最害怕就是女朋友懷孕，在國內一個女孩子因為懷孕，害得他破費了五千元人民幣，為此他很後悔。

「有多久了？」喬民問道。「快兩個月了」

阿虹沒有注意到喬民的表情，她沉浸在做母親的喜悅中。阿虹完全被喬民的假面具所蒙住了，她看到的只是他彬彬有禮的外貌，淵博的學問，對他醜惡的內心，一點也沒有覺察到。

「不行！阿虹，不能馬上結婚。我學業沒完成，沒有多餘的錢。你生了孩子，不能上班，每個月二十萬生活費和學費怎麼能承擔得起！」

阿虹也為難了，是呀，這一年剛還了債，有了孩子，自己在半年之內不能去上班，靠喬民每天在日本料理店打工每月才十幾萬日元，怎麼夠用。

喬民見阿虹低頭不言，便說：「去做人流，不要這個孩子。」

「怎麼？打掉？」阿虹惶然地望著喬民：「不行，不能扼殺這小生命，他是我們愛情的結晶。」阿虹第一次生喬民的氣。

喬民抽著煙，一言不發。他非常反感女人有了孩子就要結婚的想法。他從來也沒認真想過將來要和誰結婚，他只想著征服一個個姑娘，征服了、滿足了，不再有刺激感了，就毫不留情甩她們，再撒下誘餌、捕捉新的目標。

阿虹不願意做人流，每天仍去上班，她現在有點憂鬱，一個人悶悶不樂地坐沉思著。一起打工的好姐妹莉華，見她每日沉默寡言，問了詳情，阿虹如實說出。

莉華是個有主見，比阿虹大兩歲的姑娘，她見阿虹如癡如醉地愛著喬民，也只能安慰幾句，不能給她出什麼主意。

那天，店裡來了六十多歲的老人，叫德宏雄男，祖上是日本幕府武士出身。現在是一家大商會的老闆，早年曾留學美國、英國。家中在日光有許多土地，如今做水產生意，將北海道的水產運往世界各地，生意極好。

德宏先生由於近年來高血壓及心臟病，就在東京休養，公司的事由兒子來管理。他和老闆娘是小學同學又是老鄉，所以每月一次來酒店看看。他豁達豪爽，遺傳祖上的武士俠義之氣，人們都很敬仰他。

德宏的結髮夫人五年前因車禍去逝，他一個人住在東京中野的一棟別墅裡。他不尋花問柳，老闆娘曾試探過德宏先生，想成為他的妻子，德宏笑而不語。

他見過阿虹兩次，非常喜愛她的純情，把她當作自己的女兒，問長問短，並囑咐阿虹千萬不要聽信這裡的客人；大家喝酒，逢場作戲，戲演完了，散宴各自回家。

阿虹很感激這位氣度寬宏的老人，今天他又來了，老闆娘滿面笑容地迎了上去。

「看看，我給你帶來了什麼？」他從北海道帶來了很多烏魚乾，分給店裡的小姐。

阿虹沒有往日的笑容，她淡淡道了謝，無言地坐在德宏先生的身旁。

「你怎麼啦？學習很累吧？」德宏雄男關心地問道。

「沒什麼，想考大學，比較忙。」阿虹淺淺一笑，低下了頭。

「你好像有心事，碰到什麼困難了？告訴我，我會幫你的，」德宏雄男已看出阿虹有心事，他擔心店裡風流客人誘惑阿虹。上次臨走特意關注過老闆娘，要多關照阿虹，她很單純，千萬不要在這地方學壞了。

他知道有的留學生出於無奈來酒店打工，她們來自中國的大城市，見識多，能識別是非，一般不會走歪道。想當初自己年輕時，正是日本戰敗時代，什麼工作都幹過，吃了不少苦，所以他很同情阿虹的處境。

今天見阿虹不吱聲，知道有事，但也不便多問，他喜歡阿虹，沒有什麼雜念，每當看到阿虹清秀文雅和溫柔善良，有些憐愛。兒子如今掌管自己的公司，忙得幾個月也不能見面；女兒至今獨身，小時候母親寵愛她，有些任性、傲慢，不懂人情世故，德宏先生不是很喜愛這個女兒。現在他感到有些孤獨，所以他開玩笑的說，阿虹能當他的乾女兒，這後半輩子就幸福了。

今天臨走時，他一再關照阿虹有事去找他。不管碰到什麼事，一定會幫她的，上至參議員，下至黑社會頭目，他都有朋友。

阿虹聽了此言，微微點頭。臨走送他下電梯，德宏先生掏出一張名片說，有急事打電話到我家，並拿出一萬日元塞進阿虹手中：「拿去用吧，離開父母，到日本來很不容易，父母一定很擔心。」

一番話說得阿虹的淚水抑不住流了下來，她多想撲到德宏胸前，像對自己的父親那樣傾訴自己的苦楚，可是她難以說出口。

「不要難過，我知道你不喜歡這裡的工作，等日語學好了，介紹你去公司上班。」德宏像慈父般地撫摸了阿虹的肩膀，語重心長地囑咐道，「小心這裡的客人，有的人心術不正，要當心！」

阿虹輕輕地點頭。她用手帕擦乾了淚水，苦笑道：「不好意思，你高興的來店裡喝酒，卻看我流淚，真對不起。」
「你沒什麼事，我就放心了，再見，下星期再來看你。」
阿虹目送他上了計程車，望著消失的車，阿虹突然覺得像少了什麼似的，她感到自己孤獨無援，多想有人能助她一臂之力。
喬民自從阿虹懷孕後，不像以前那樣溫情了。夜裡，阿虹一個人躲在被窩裡悄悄流淚。她捨不得將孩子打掉，每當她撫摸著鼓起的肚子，嬰兒蹬了一腳，母愛的溫情使她充滿了幸福感。她愛喬民，那是初戀的結晶，她不會拋棄的。
不能結婚，怎麼辦？每日苦苦思索，不知如何才好，看到喬民對她冷漠的神態，心裡如刀絞一般的刺痛。
喬民這些日子也心煩意亂，阿虹不願意去做人流，如果逼她太緊，有什麼意外，帶來必要的麻煩。他自己又不願意一天當兩份工，現在錢不夠用，他有些怨恨阿虹，性格越來越孤僻。
那天，在池袋的電子遊戲房裡碰到語言學校的王君，此人每天在高田馬場工作，來日三年，黑戶口，現已成為小工頭。最近日本經濟不景氣，沒活幹，每天在電子遊戲房裡混，輸了不少錢。
倆人一見面嘮了起來，王君無意說起，工地有一位年過四十歲的獨身工頭，每月有一百多萬的收入，誰替他物色一位上海姑娘做老婆，就給他兩百萬日元的介紹費。
兩百萬日元！剛來日本，他就想，攢了一百萬日元就回國了！現在只要介紹一位姑娘就可以拿兩百萬，這個筆錢吸引了喬民，拿了這筆錢，馬上回中國，還待在日本這鬼地方混什麼！他受夠了艱苦的留學生活，他想發一筆橫財，於是他導演了一場醜惡卑鄙的「賣妻兒」的醜劇。

一天，他把阿虹的照片拿給日本工頭時看，工頭一看到照片，對阿虹的美貌垂涎三尺，恨不得即日成親。

「是假結婚，不是真結婚，因為她的簽證快到期了。」

「好，好。」日本工頭滿口答應。

講好一個月後，將阿虹的一切材料交給他，為了使工頭相信，喬民騙阿虹說自己找到了一份工作，是一位日本朋友幫忙的，今天請客，他新宿一家大酒家吃飯，讓阿虹一道去。

阿虹為了給男友面子，還精心打扮了一番，當她和喬民來到酒店，日本工頭一看，比照片上的人還藥漂亮，高興得不由手舞足蹈。他們交談幾句後，喬民怕問下去會出洋相，便叫阿虹先回家。

在酒店裡一場醜惡的交易談成了，喬民拿了一百萬日元的定金，滿心喜悅地回到家。阿虹已睡著了，她夢見自己與喬民喜結良緣，披上白色的禮服，手挽著喬民走進禮堂。

喬民回來一反常態，他將阿虹輕輕推醒，又像以往一樣愛撫著阿虹，柔聲說：「這些日子，冷漠你了，我學習太忙，原諒我吧……我愛你。」一番甜言蜜語，山盟海誓，阿虹感動的流下了淚。

「為了你的學業，我什麼都願意幹。」

「我們現在不能結婚，因為我沒有很多錢，不能給你買名貴的鑽石戒指，辦豪華的婚宴。可你又不想流產，怎麼辦呢？」喬民的話漸漸引入正題，他必需要阿虹主動上鉤。

「你過幾個月，就不能再去上學、上班了，不去上學就沒有簽證，怎麼辦？」

「對的，我已經想了很長時間，你說怎麼辦呢？」阿虹已掉進了陷阱裡。

「有一個辦法，找一個日本人假結婚，這樣你就能有簽證。把孩子生下來，孩子可以有日本戶口。等我賺了夠了錢，我們就結婚。」

「這太複雜了，誰願意這樣？」

阿虹不知道喬民的居心叵測，竟然相信了，毫不猶豫的同意了，癡情的女人有時會變得很愚蠢。

喬民開始辦理阿虹所有的未婚公證材料，他想阿虹到了工頭家，他們就算同居了，他可以把過去的事賴得一乾二淨，以後再以阿虹不潔而拒絕她。

出乎意料的是，他的計謀沒有得逞，「機關算盡太聰明，反誤了卿卿生命！」那位日本工頭盼妻心切，竟找到了喬民家的電話號碼，迫不及待地打來了電話。

那天正好阿虹一個人在家。

「喂，是喬民先生在家嗎？」

「是的，你是哪位？」

「我是喬民的朋友，山丸一郎……」山丸先生？阿虹想不起來喬民有日本朋友。

「是啊，我托喬民的事怎麼樣啦？」

「什麼事？」阿虹好奇地問。

「他答應給我找一個上海老婆，上次拿來照片，我們還一起在新宿吃過飯。那姑娘漂亮極了，我想問問材料準備好了嗎？」

阿虹聽了，如同晴天霹靂！她萬萬沒想到喬民竟如此卑鄙無恥！她耐著性子問道：「是不是假結婚？」

「什麼假結婚！那姑娘也同意了。我已付了一百萬日元給他，事成後再給他一百萬。」工頭有些著急了。

「你是他愛人？他沒和你說嗎？」

「……」阿虹面如土色，幾乎暈過去，她拿著電話說不出一句話。

「喂，別忘了！叫他快些辦，我想儘快結婚。」電話裡還響著工頭焦急不安的聲音。

「咯嚓」一聲，電話掛斷了，無力地癱軟在榻榻眯上，兩眼直愣愣地凝視著窗外，她像做了一場惡夢！自己喜歡的男朋友是卑污醜惡的偽君子。

不，不可能，日本人在說謊！對了，那天在新宿，喬民不讓她多說話，飯還沒有吃完，就叫她早一些回家。他說，山丸那雙充滿猥褻的眼睛一直盯著她，不懷好意！

原來如此！阿虹想明白了，她倏然站立起來，發瘋般地叫了起來，將擺在寫字臺上她和喬民的合影猛地向窗外拋出去。

她呆呆地站立著，淚水如潮水般地湧出；突然腹中一陣疼痛，痙攣，她下意識地撫摸了一下腹部的孩子，我還懷著他的孩子，沒有孩子……他曾經愛過我，現在一定是迫不得已才這樣做的。

阿虹善良的天性，開始為自己的男人辯護，癡情女人含著苦澀的定心丸，中樞神經開始麻醉，他們將共演一場愛情悲劇。

這天，阿虹悶悶不樂地去銀座上班。客人還沒有來，姑娘們都坐在沙發上，有的抽著煙、有的互相閒聊著，唯有阿虹獨自低著頭、一聲不吭。

好朋友莉華已知道阿虹懷孕的事，她關切地問道：「和喬民結婚的事決定了沒有？」

「……」阿虹無言，淚水含在眼眶裡。

「怎麼啦，又吵架了，現在你千萬不要生氣，對孩子不利。」莉華安慰道，「有什麼為難事告訴我，我一定幫你想辦法。」

阿虹和莉華在上海就相識，倆人無話不談。阿虹為今天來的電話而困惑，她不能相信這個事實，決定和莉華商量。

倆人偷偷地躲到化妝室，阿虹將此事和盤托出。莉華聽了，氣得大罵喬民這個狗東西。她勸阿虹趕快甩掉他，可阿虹卻說：「也許工頭在說謊。」

莉華想了想說：「把他的電話號碼給我，我溜出去打電話給他。」

店裡老闆娘沒來，莉華拿了一張電話磁卡溜到店外去打公用電話。

過了好久，她回來了，獨自坐在沙發上拿出一支煙抽了起來，阿虹看到莉華狠狠地抽著煙，看她的神態知道事情不妙。

她仍懷著一絲希望：「是日本人在撒謊嗎？」

她忐忑不安地坐到莉華的旁邊。莉華瞪了她一眼：「你太天真了，阿虹，喬民真的把你賣了！」

「……」阿虹瞪起雙眼驚訝地說不出一句話。

「這個臭男人為了幾個臭錢，真狠毒，賣老婆孩子！別難過，我幫你出這口氣。」莉華將煙頭使勁地在煙缸裡掐滅。

「你要不動聲色，讓他將一切手續都辦好；然後你拿了存款搬到一個他找不到的地方，讓他人財兩空。」

「……這不好吧。」阿虹有些不安。

「還猶豫什麼？他把你賣給了工頭，你還念什麼情呀。這種男人碰到我手裡，半夜裡找幾個人，揍得他半死！」莉華比阿虹大幾歲，結過婚，因為愛人與家中傭人有曖昧關係，一氣之下來到了日本。

這時門打開了，姑娘們急忙站立起來，原來是老闆娘與德宏先生走了進來。
「記住，照我的辦。」莉華在阿虹耳邊迅速地說了一句，轉身含笑著，朝德宏深深鞠了一躬：「歡迎，好久不見了。」
「是啊，又一個月了，阿虹，近來怎樣？」德宏笑呵呵的先問阿虹。
「還好，謝謝你一直關照我。」阿虹朝德宏嬌柔一笑。
「阿虹近來為房子的事而發愁。」莉華接著說。
「怎麼啦，沒地方住？」德宏先生問道。
「……」阿虹不解地望了一眼莉華，不知如何回答才好。
「是啊，她住的房子已經滿期了，一時找不到合適的房子；又要付好多租金，阿虹才來日本一年，沒那麼多錢，這些日子瘦多了。」莉華巧舌如簧地說著。
德宏沉思了一下，便說：「別著急，我幫你想辦法吧。」
在這群姑娘中，德宏最憐愛阿虹。今天看到她強作笑顏，萌發了難以言狀的情感。他在中野有一套別墅，至今空著，現在不能當眾對阿虹說。
臨走時，他悄悄地對阿虹說：「如果實在找不到，到我的一棟別墅去住。不要有什麼想法，我願意幫助你。」阿虹點頭應了一聲。
夜深了，阿虹一個人行走在寂靜的小道上，她第一次感到茫然失措，以前一切都由喬民安排，不用她考慮安排什麼。現在她將要邁出這一步，遲遲下不了決心。

阿虹推開那扇熟悉的大門，喬民還在寫字臺邊看日語，他見阿虹疲憊不堪的神色，便關切地問：「身體不好嗎？」

阿虹抬起頭看到那雙充滿柔情的目光，她不相信那莉華說的一切是真的。

她想當面問個究竟，不行，試探他一下，「喬民，我想回上海去，把孩子生下後再說。不結婚也行，我一個人撫養。」

「什麼？不行！你不能回上海，丟下我一個人不管！」喬民急得眼睛都紅了。

阿虹看出了破綻，以前他一個勁地叫她回去，現在卻極力反對。

「假結婚，如果那人真的要我怎麼辦？」阿虹鎮靜地問道。

「不會的，我們說好的。」喬民沉不住氣了。

「你和他簽好合同，蓋上他的章，我才同意。」阿虹說道。喬民聽後狐疑地望著阿虹，今天的阿虹和以前不一樣，莫不是……

「有人來過電話嗎？」喬民焦急地問。

「不知道，我白天出去買東西了。」阿虹什麼都明白了，淡淡地說：「我累了，想睡覺了。」阿虹脫下套裝，淋浴去了。

喬民緊跟隨，他抱住阿虹的纖纖細腰，附在她耳邊輕輕低語：「你懷孕了，還那麼美！」當他用手去撫摸阿虹腹部時，阿虹大聲地叫道：「不要碰我。」她厭惡地甩掉他的雙手。

「你怎麼啦！今天碰到什麼不高興事了？」

阿虹真想揭穿他的假面具，話到嘴邊，又收了回去。要鎮靜！她決定照莉華說的辦。

喬民感到沒趣，失望地回到了房裡。這一夜倆人都輾轉反側，徹夜難眠，各想各的心事。

第二天，日本工頭又來電話催了，阿虹又一次問明瞭此事的真相。現在她相信這一切都是事實，戀愛了兩年的男朋友喬民將她「賣」了！

善良的本性已不允許她再沉默、再忍受！她要照莉華的主意不露聲色地去要報復這個人面獸心的偽君子。

幾天後，她將自己的存款、護照、衣服和箱子在一天內，運到了德宏先生的別墅裡，並向店裡請了半個月假，說要回上海，此事只有莉華一個人知道。

這天當喬民下班回到家，看到屋裡雜亂無章，他下意識地打開壁櫃一看，大吃一驚，阿虹所有的衣服一件也沒有了，皮箱也沒有了。

他慌忙打開抽屜一看，阿虹的存款及護照都不見了，腦門溢出了冷汗，大事不妙，阿虹逃走了！逃回上海了。驚慌之際，看到了小方桌上一張紙條，只見上面寫道：

「對不起，讓你的美夢破產了！我恨你，一輩子詛咒你，你要下十八層地獄受盡懲罰。阿虹於即日。」

喬民一下子癱軟下來了，他知道阿虹不會有這個主見，一定有人指使她，她一定知道了真相。一夜之間，人財兩空，怎麼辦？

當他清醒過來時馬上打電話給莉華，不料莉華不緊不慢地對他說：「連老婆都看不住，還算是個男人嗎？」電話「啪」地一聲掛斷了。

喬民氣得一句話也說不出來，他想一定在莉華家。

第二天沒去上學，去了莉華家，他沖進房間，不見阿虹，也不見阿虹的一件行李，反被莉華臭罵一頓，他灰溜溜的回到了家。

連續幾天，他等在銀座的店前等，也不見阿虹的蹤影，最後問老闆娘，才知阿虹請了半個月的假。

茫茫人海去哪裡找？日本工頭來電話了，說期限已到，要他交材料去登記。

他一拖再拖，實在拖不下去，拿了八十萬到高田馬場，膽怯地對工頭說：「對不起，那位姑娘突然失蹤了，我用了二十萬，下個月發了工資就還給你。」

日本工頭大聲罵道：「叭嘎亞魯！我十五歲來東京闖天下，還沒被人騙過。」一個耳光狠狠地甩在他臉上，喬民身體晃了幾晃，他捂住了臉沒敢吱聲。

「他媽的，沒錢用來耍我。我就怕你耍花招，找人跟蹤過你，調查過你，上次在飯店一起吃飯的姑娘是你的老婆」喬民又挨了重重一拳，他被打倒在地上。

當他抬起頭，周圍站著幾位滿臉兇氣，燙著小捲髮的中年男子，他知道工頭是這一帶的黑社會頭。

他怕吃眼前虧：「我沒有騙你，不是我老婆，我們只是住在一起，她自己說要嫁給你的……」

「你這臭小子，還騙人。我今天接到一個電話，說你要把懷孕的老婆給賣了！真缺德，哪像個男人，沒錢就賣老婆！她還懷著你的孩子，沒人性的玩意。」那工頭又是一頓拳打腳踢。

喬民被揍得滿臉血跡，癱倒在地上，爬不起來。

旁邊幾位中年男子勸住了工頭，「小心別出人命，他是中國留學生，教訓他一頓可以了。」

工頭說：「還要還利息十萬元，沒有錢，明天開始給我幹兩個月活，你不幹，我還要收拾你，滾！」他罵完後，揚長而去。

喬民被過路的幾位留學生架了起來，他們不知道真相，叫喬民去警視廳報案。他搖搖頭，擦乾了嘴邊的血，一瘸一拐地走了。

在家躺了兩天，強拖著受傷的身體去高田馬場打苦工；剛來日本時，由於沒有工作，在那兒幹了一個星期。一百斤左右重的鐵鋼筋壓在肩上，不留心一下子掉到地上，把腳壓傷了，後來一邊養傷，一邊計畫著把阿虹辦到日本，幫他賺錢。

現在又要去高田馬場打工，工頭把最累最髒的話讓他幹，他不敢多說一句話。工頭常威脅他，再不老實，就叫他馬上滾回中國！看你還敢不敢做這缺德的事。

喬民自知理虧，只能忍受，現在是折了夫人賠了兵，他恨阿虹，你這一手太厲害了。

兩個月後的清晨，喬民由於營養不良，勞累過度，暈倒在工地上。工頭怕鬧出人命，就對他說：「回去好好伺候你老婆吧，再沒錢，也不能賣老婆。」

他說完甩給他一疊日元，「這是你的工資，不會讓你白乾的，利息就算了，看你老婆要生孩子了，就算是我的禮金。」

喬民拿了一個月的工資踉踉蹌蹌地回到家。如今屋裡空空蕩蕩，想起以前，阿虹已經做好了飯菜擺在桌上，他真後悔，自己做得太絕情了。

阿虹搬到了德宏先生的別墅裡，德宏對她關懷備至；可是不去上學，簽證就沒有了，她不想黑下來。

一天，她哭訴著說，以後該怎麼辦？她不想將孩子打掉，在日本她又不能挺著大肚子去上學；回上海沒有結婚，會被人恥笑的。

德宏先生也為她著急，一時不知如何才好，只好安慰她暫時先住在這兒，不用去上班，慢慢再想辦法。他拿出了二十萬日元生活費給阿虹，阿虹感謝萬分，盈淚鞠躬道謝。

德宏剛走不久，莉華來了。她一進門便叫起來：「告訴你一個好消息，惡人有惡報，喬民被工頭打了一頓，還懲罰他白幹兩個星期的工。」莉華班裡的一位男同學也在工地幹活，聽到喬民的醜聞，就告訴了班裡的同學。

阿虹聽後，心裡一陣解恨。老天有眼，活該！隨之又可憐他起來……

莉華知道她動了惻隱之心，生氣地說：「還掂念著這種人，打死也活該！」

「可是……」阿虹吞吞吐吐。

「想想自己的事吧，沒結婚，生下孩子怎麼辦？帶著一個沒有父親的孩子，學業無成，錢財沒有。」莉華雖說比阿虹大幾歲，沒有生過孩子，體驗不出即將做母親的心情。

「我也不知道怎麼辦才好。」阿虹怯怯地說：「我沒有親人商量，只有你和德宏先生能幫我出主意。」

「對了，德宏不是很喜歡你嗎？不行，你們相差太大了……」莉華知道德宏先生結髮夫人早已去世，至今仍是一個人。

雖然莉華沒把這話挑明，阿虹也知道她的意思；但是德宏先生和自己父親的年齡差不多，平時對自己很關照，沒有一點邪念，怎麼能這樣想。

莉華走後，阿虹又陷入苦惱中，不能這樣呆下去。

德宏先生每天來看她一次，特意去上野買來了她愛吃的河鯽魚。阿虹望著滿面紅光樂呵呵的德宏先生，她真想把他當作自己的父親，撲到他懷裡痛哭一場。

肚裡的嬰兒一天天大了起來，阿虹覺得度日如年，最後她和莉華商量，嫁給德宏先生，眼前只有這一條路了，別無選擇。

當阿虹提出要和德宏先生結婚時，他不由哈哈大笑起來：「傻姑娘，盡說傻話。這怎麼可能呢！你年齡比我女兒還小。我是很喜愛你，把你當女兒看待。女兒念大學時就出去住了，兒子也結婚了。我一個人是很孤單，想找一個伴，可是心裡經常想著故世的老伴……」德宏先生說起夫人，不免有些傷感。

他與夫人早年在京都大學學習，情投意合，結婚五十年相親相愛。不料夫人車禍去世，德宏先生一下子老了許多，對以後的生活幾乎沒有什麼追求。

自從遇見阿虹，心裡又燃起了一股活力，阿虹長得像夫人年輕時一樣，尤其泯著嘴淺淺莞爾一笑，使德宏先生想起了年輕時的戀情。

他希望阿虹能在他身旁，也曾想過要收阿虹為乾女兒，可是會遭到兒女們的反對，而且法律上也不允許，有兒女的老人不能再收養女兒。

他從未想過要和阿虹結婚的念頭，過了一會，他收斂了笑沉思起來：對啊，結婚了，不是每天能看到阿虹了嗎？不行，太荒唐了，我這不是趁人之危，太沒道德了，他不由為自己的想法感到羞愧。

「不行，阿虹，我們相差幾十歲，再說，你有男朋友。」

沒等德宏說完，阿虹一臉慍色：「不要再提他了，他是一個沒有責任心的男人，我怎麼能夠再跟他一輩子呢，你是不是嫌我有了孩子……」阿虹傷心地哭了起來。

自己懷著喬民的孩子，卻向德宏提出結婚，這對德宏先生太不公平了。哪個男人能寬宏大度到讓自己喜愛的女人懷著別人的孩子。

「對不起，我不應該提出此事……」阿虹羞愧地說。

「你和孩子都是無辜的，你年輕，以後可以找自己喜愛的男人。你覺得這兒好就住下去，我的財產一輩子也用不完，留著幹什麼……女兒不孝順，兒子工作忙，一年見不了幾次面。唉，自從夫人去世後，我也很孤單，你能住在這兒，我也不寂寞了。」

德宏先生拉住阿虹的手，目光中流露出無限的憐愛：「我非常喜愛孩子。現在老了，近來我常常想起女兒、兒子小時候，天真可愛。當年忙著工作，一年有半年在國外跑貿易，所以孩子對我也不太親熱。」

德宏先生第一次向阿虹說了自己的心事。以前阿虹看到的是一位沒有憂愁、樂呵呵的老人，沒想到他也有煩惱。

住這兒快一個月了，有些習慣了，這幢別墅幽靜典雅，兩百平方的庭園裡的鬱金香、杜鵑花開得十分豔麗。阿虹常常一個人坐在小溪邊的石凳上，望著小道前竹林掩映著的茶室。

她不想放棄眼前的一切，不想再奔波，她覺得在日本太累了。

第一次初戀的失敗，使她對人生有了醒悟。為了孩子在日本有一個好的條件，她寧願做出犧牲，和德宏先生結婚。

德宏先生聽了阿虹的傾訴後，沉思片刻說：「我考慮幾天再答覆你好嗎」

阿虹覺得自己除了年輕，還有什麼呢？在國外寄人籬下，未婚媽媽，能找到稱心如意的郎君嗎？受傷的心使她不再相信有真正的愛了。

結婚對她來說，只是為了謀生；何況德宏有地位有錢，將來孩子不會像她這樣吃苦。

幾天後，德宏來了。他說：「可以和你結婚，這樣你就能有簽證了，孩子也有保障。可是我們仍分居住，如果你以後找到了喜愛的人，可以離開，我不阻止你的幸福……」

德宏先生決定幫助阿虹渡過難關，他並不期望比他小三十歲的阿虹成為他的新娘，但他希望阿虹能不離開他。

他們說好，不舉行婚禮。由於阿虹懷孕，也不能出國外旅遊，倆人商定等孩子出生後，帶阿虹去歐洲遊玩一周。

德宏拿出一千萬日元給阿虹的父母，讓他們在上海買了一套住宅。

阿虹成為德宏先生的妻子，終於有了歸宿。他們在區役廳登記完後，德宏先生約了女兒和兒子在新宿的東京大飯店一起聚餐。

女兒德宏美子今年已是三十五歲，未婚，性格孤僻古怪，儘管她不同意父親再婚，可也沒辦法阻止。當她見到阿虹，感動很驚訝，怎麼長得像母親？難怪父親會喜歡她。

她有些嫉妒，冷冷地對阿虹說：「初次見面，請多關照。」

德宏的兒子德宏一郎熱情的和阿虹握手，他開朗的說：「父親說你長得很漂亮，果然不錯，父親有豔福，娶了年輕漂亮的中國姑娘，我可沒這個福氣。」

「多謝誇獎，我一定會盡心地照料德宏先生的。」阿虹十分真誠的說，

「現在中國經濟正在發展，公司想去浦東投資，以後給當翻譯怎麼樣？」德宏一郎笑著說。

「好的！」阿紅當然高興，現在結婚了可以自由回上海了。

女兒很少說話，偶爾笑笑；會餐還沒有結束，她藉口說，有個約會先走了。

德宏無奈地搖搖頭說：「從小被她媽媽寵壞了，太任性了，你別介意。」

「妹妹性格古怪，到現在還沒有結婚。今天可能有重要約會，你不要放在心上。」德宏一郎說：「以後到我家來玩，夫人想學包中國餃子，你來教她。」

「好，一定來。」阿虹爽快的答應了。

婚後，德宏擔心阿虹一個人寂寞，請了一位傭人伺候她，自己也搬過來住了，但他從不和阿虹住一個房間。晚上倆人用餐後，閒嘮一會，德宏就回到自己的臥室休息。

每當阿虹看到德宏先生向她道了晚安後，心裡有說不出的感覺，現在她是德宏的妻子，可是德宏從未強求過她，偶爾吻一下她的前額，慈祥地拍拍她的肩膀說：「好好休息，生個大胖娃娃，這裡可熱鬧了。」

那天夜裡，阿虹又想起了喬民，聽莉華說，他找了一個福建姑娘同居。這個可惡的男人，阿虹忿恨的想，總有一天要找他算帳。現在有孕在身，出門不便，生氣要影響胎兒的發育。要不是德宏幫助，不知如何渡過這難關。如今住在豪華的別墅，吃著山珍海味，德宏每星期買來北買海道空運來的海鮮，幾個月養得白白胖胖的，德宏笑著說她，變成了楊貴妃了。

聽著輕輕的敲門聲，是德宏回來了。這幾天他高血壓又犯了，顯得有些疲倦。

「今天過得好嗎？」德宏一進門便關切地問。

「非常愉快，給媽媽打了電話，她說等孩子出生了，和父親一起來看我，她問手續辦得怎麼樣？」

「今天我去外務省找了熟人，下個月就能批。」德宏坐在阿虹的床前說。

「太感謝你了。」阿虹拉住德宏的手莞爾一笑。

「我想早些休息，今天有些累。我聯繫好了，你去京都生孩子，那兒有認識的醫生。如果在東京生，大家會懷疑這孩子怎麼早出生兩個月？」

「真是對不起……」阿虹知道德宏先生在東京很有知名度。他朋友多，雖然大家表面不吱聲，暗地裡也會議論。

可是有誰知道德宏沒有和阿虹同床而睡，有誰能理解他一顆豁達的心呢？只有阿虹知道，他蒙受了不白之冤，替自己背黑鍋。

近來德宏為父母來日本的簽證而奔波，為找醫生而焦慮；望著德宏疲憊的面容，阿虹對德宏懷著一份深深的歉意。

她恨喬民，這些悲劇都是他造成的，想到覺得對不起德宏，一定要報答他，以身相許，成為他名副其實的妻子。

「德宏，我不能讓你孤獨一個人……」阿虹緊緊摟住德宏：「以前我太自私了，原諒我，」她哽咽著說。

「我要使你晚年幸福、快樂！好嗎？」阿虹露出真誠的微笑。

「太謝謝你了，我真的好喜愛你，怕委屈了你。」德宏流下了熱淚。

他將阿虹擁抱在懷裡，他深情的對阿虹說：「那時候，她和你一樣年輕漂亮……我們一起去崗山看紅葉，去寺廟拜神靈，那時候好快樂。人生如夢，快入土的我遇上了你，我覺得生活又有了色彩，好像又回到了京都大學時代。記得第一次看到你，你強裝著笑給客人倒酒，我心裡很難過，你怎麼能幹這樣委屈的活。所以，我特意關照老闆娘，不能讓客人欺負你。」

阿虹第一次聽德宏說起此事，心裡感動萬分。她忍不住抽泣起來，想起剛來日本時，一句日語也不會講。客人對她動手動腳，她害怕得瑟瑟發抖。

當她回到家對喬民訴說委屈，不料喬民冷冷地說：你要學會逢場作戲。以後，阿虹只好忍著委屈，強顏歡笑着去上班。

德宏是真正喜歡自己，他才會這樣想。阿虹想起來了，那天德宏一言不發，眼睛一直看著她。當時她還在想，這個老頭真好色！原來他是為她自己的困境而感到傷感。

阿虹激動地吻著德宏，喃喃地囈語道：「感謝你，」

「謝謝，我的芳子。」德宏第一次稱阿虹為芳子。

日本女人結婚後，姓隨丈夫家的性，阿虹改為德宏芳子。新婚三個月，他們第一次同枕而眠。

不久阿虹的孩子在京都一家醫院出世了，是個十分漂亮的小男孩。德宏先生欣喜萬分，抱在手中看了又看，不想放手。

婦產科主任小原和子是德宏先生的表妹，她笑著說：「瞧你高興的樣，以前美子和一郎出世時，你沒這麼高興。那時孩子剛滿月，你去美國談生意了。現在你哪裡也不用去了，整天抱著他吧。」

「是呀，我不去上班了，每天都抱著他。給他起個名字吧，叫德宏俊男，你看怎麼樣？」

「好呀，他比一郎小時候俊。」和子以為孩子德宏的，也許德宏一時糊塗，和阿虹有了孩子不得不結婚；為了避免眾人耳目，才到京都找她幫助。

和子當然樂意幫助德宏表哥，但是她有點明白，表哥不是風流男子，怎麼老了，反倒瀟灑起來了，找了一位那麼年輕漂亮的中國姑娘。

阿虹看著德宏興高采烈的表情，心裡有說不出的滋味，這種場合，主角應該是喬民。如果喬民能在她床前痛哭流涕的懺悔，自己會把以往的恩怨一筆勾銷。然而，他是不會來的，他和那位福建姑娘混得火熱。

阿虹覺得現在已經離不開德宏先生，以後一定要報答德宏先生的恩德。

一個星期後，東京總公司來了緊急電話，告知股票市場勢頭不好，公司股票急遽下跌，德宏先生當夜坐新幹線回到東京。

那天德宏處理完公司的事後，坐在家中看報。聽到門鈴聲，傭人說，有一個叫喬民的中國留學生要見他。

德宏聽了後，馬上吩咐傭人請他上樓，一個是誠心相待，一個卻是心懷鬼胎。當喬民走到這座豪華的別墅裡，心裡暗想，好呀！阿虹躲在這裡過得不錯。怪不得跑了以後連個電話也不來，懷著我的孩子，心安理得和這個日本老頭過日子。

窮途潦倒的喬民嫉妒阿虹眼下的安逸日子，他和那位福建姑娘分手了，姑娘忍受不了喬民在經濟上管束她。因為喬民要她像阿虹一樣，每個月的工資都交給他。那姑娘可沒那麼傻，憑什麼交給你，我們同居互為互利，不行就拜拜。

他們分手後，他又和一位有丈之婦混在一起，少婦看他財迷心竅，又饞又懶不到一個星期，就攆他出門了。這時喬民想起了阿虹，還是阿虹好。

他開始四處尋找，終於從銀座一位日本小姐那兒打聽到了阿虹的情況，得知阿虹已經訂婚了。他氣急敗壞地回到家將阿虹還留下的幾件舊衣服都撕成布條，歇斯底里地發誓要報復，要狠狠敲老頭一筆竹槓。

他傲慢地坐在德宏先生的面前，開門見山質問道：「你奪走了我老婆，我今天要她回去。」

「小夥子，冷靜些，我沒有奪你老婆，是你拋棄了他。」德宏鎮定自如地回答，他知道來者不善。

「你別聽她瞎說，我們吵了一架，她就賭氣跑了。我找了她幾個月，是你把她關在這兒的。」

「她生了個男孩子，是你的兒子。」德宏先生告訴他，希望喬民能高興。

不料喬民變本加厲吼道：「當然是我的兒子，你那麼大年紀了，能生嗎？」

「請你說話注意點分寸！」德宏有些生氣，他現在相信阿虹以前說的都是事實。

雖然他有些蔑視喬民，可是體諒他年輕做事糊塗，便好言相勸：「阿虹是個好姑娘，是你辜負了她，將她賣給工頭。年輕人，再窮也不能沒有良心道德，今天你來有什麼事，請說。」

喬民有些膽怯，他知道這些大老闆後面都有黑社會的朋友，萬一惹他急了，自己又要挨日本人的揍，我是鬥不過他的，不如乾脆說明了。

「好吧，本來阿虹和兒子是我的，現在和你結婚了，我也沒辦法。這樣吧，你拿五百萬日元，我再也不來找阿虹了，兒子歸你，都不吃虧，怎麼樣？」

喬民一點也不覺得羞愧，他覺得把老婆、兒子給了你，拿出你五百萬日元，讓你占大便宜了。當然，他也有些心虛，萬一他不給，怎麼辦？按照日本的法律，他沒有理由給你。

德宏先生冷冷地望著這位面目清秀、心靈卑微的喬民，嘆了一口氣：「今天是看在阿虹面上，才接待你的，沒有想到你竟然這樣無聊！」

喬民低下了頭，傷感地說了：「我是個讀書人，幹活把腳也砸傷了，以後怎麼去工作？」

「好吧，我答應你。」德宏先生聽了他的話，動了惻隱之心。

沒想到這樣輕易拿到了一大筆錢，他受寵若驚不斷鞠著躬說：「謝謝，謝謝，阿虹跟著你一定會很幸福的，我很放心……」

「拿了錢，付了學費，好好念書。你很聰明，會有出息的。」德宏先生的大將風度使喬民頓時覺得自己很卑微，他不敢看那劍眉下犀利的目光。

喬民告訴了自己銀行卡的號碼，像小偷似的匆忙離開了別墅。

半個月後，阿虹抱著兒子回來了；她比以前豐腴白嫩了，又增添幾分母性美。

德宏抱著白胖胖的俊男，樂得笑呵呵，比年輕時抱自己的兒子還要樂。

阿虹的父母也辦好了探親手續，很快就要來東京，一家人團聚好讓人高興。不久，父母到了東京後，他們才知一切真相。

德宏先生雖然年紀大了點，可有地位、為人都不錯，尤其是阿虹被喬民拋棄的日子裡，是德宏先生幫助阿虹度過難關。

在阿虹和喬民爭吵的那些日子裡，阿虹母親一直擔心阿虹會不會再犯病。因為阿虹小時候摔過一跤，後來得過「間歇性精神病」。

孩子滿月那天，阿虹的幾位好朋友也來祝賀。

莉華考上了文書專科學校，她與男友一起也前來道喜。

「莉華也幫阿虹了不少忙，真是謝謝了。」阿虹母親對莉華說。

阿虹的母親是上海某廠高級工程師，會說一些簡單的日語；阿虹父親是大學教授，能說一口流利的英語，他們和德宏先生說話不用翻譯，談得很投機。

「今天是孩子滿月，按照你們中國人的習慣要喝滿月酒，大家應該慶祝一番，我在銀座的天國日本料理店預訂了兩桌，大家一起去吧。」德宏先生今天格外高興，這幢別墅好久沒這樣熱鬧過。

今天既是全家團聚，又是俊男滿月，正是雙喜臨門。

阿虹對父母說，「你們和德虹先生坐自己家的車去吧，我和莉華叫計程車去，我倆好久沒見面了。」

他們說說笑笑上了車，阿虹抱著俊男和莉華坐在一輛計程車裡。

「開到銀座的天國料理店，在銀座大道。」德宏關照計程車司機。

四月初，令人愜意的春意，杜鵑花綻出花蕾，櫻花樹叢中露出了淡紅色的花朵。在這陽光明媚、風景秀麗的春天出來遊玩，不由心曠神怡。

汽車停在飯店門前，等在門口的侍從殷勤地迎了上來；除了阿虹和莉華，大家都到齊了。

「你們先進去坐吧，我在外面等她們來。」德宏先生對大家說。

阿虹母親站在德宏身邊說，「我和你一起等她們倆吧。」

德宏先生嘮起了年輕時的事：「以前這兒有乳奶批發站，每天清晨，我從岩手縣奶牛場開著幾噸的大卡車，將新鮮的牛奶送到東京。那時候，賣牛奶的都是銀座的老闆……」

「怎麼還不來，會不會迷路？」阿虹母親心不在焉地聽著，一邊著急地問。她無心欣賞銀座大道優雅的異國風情。

「可能是堵車了。」德宏心裡也覺得奇怪。

剛才他們的車開到日本橋時，他還朝後邊看，那輛計程車還跟在後面。即使碰上紅燈，也應該到了，會不會司機不識路？

最近有許多外縣來的司機在東京開車，他們不太認路，可是阿虹應該知道，她經常來這裡的。

一個不祥的念頭在腦海裡一閃，會不會出事故？不要瞎想，再等一會吧。

店裡的夥計招呼大家快入座，第一道菜要上來了；可是女主人還沒來，大家非常焦慮。

德宏想打電話問附近的警署，下午有沒有交通事故？不行，這樣不吉利，再耐心等待一會吧。

大家焦急萬分。忽然，店長出來叫德宏先生聽電話。德宏先生拿過電話，聽到莉華急促的聲音：「德宏先生，不好了，阿虹在喬民這裡，他們打起來了。你們快來，我一個人不行，在上池袋五丁目三番十號……」

只聽電話裡傳來一陣「嘩啦啦」器具打碎的聲音，電話嘎然而斷。

「喂，喂……」德宏先生慌忙叫著。阿虹父母呆呆地望著驚慌失措的德宏先生，不由面面相覷。

德宏先生放下電話，二話沒說拉著阿虹的父母上了車，直馳喬民住處。

阿虹怎麼會突然在半路跑到喬民那裡去？

原來在車上莉華忍不住告訴阿虹，喬民從德宏那兒詐騙到五百萬日元。現在不打工，每天在電子遊戲房賭錢，一個月就輸掉一百萬日元。

阿虹聽了頓時火冒三丈，想到他竟從德宏那裡騙取了五百萬日元，又在賣老婆和孩子！拿了錢去揮霍，這個可惡的男人！

阿虹的心又一次受到極大的侮辱和刺激，她再也忍不住，一定要和他算帳！

她氣昏了，也恨德宏先生，為什麼要把錢給他，是施捨？是買我？她覺得這是對她人格的侮辱。

她不想去飯店辦什麼滿月酒，自己被人任意「買賣」還祝賀什麼。她腦子裡只有兩個可恨的男人：一個大大方方的付錢，一個高高興興拿錢。

「快，快開車，我要找他算帳。」阿虹歇斯底里般地吼叫起來。她叫司機掉轉方向，把車開到喬民家中。

莉華覺得不妙，怎麼也勸不住阿虹。認識阿虹以來，第一次見她發這樣大的脾氣。她嚇壞了，不知所措。

「把我賣了，又把我賣了。」一路上她不停地喊著。

喬民今天沒上班，他從上野買來了上海空運來的螃蟹，正和新上鉤的北京女友品嘗著佳餚。

阿虹抱著孩子衝進屋，冷冷地說：「你的孩子已經滿月了！」阿虹抱著孩子坐在他兩旁，眼睛直勾勾地盯著那位北京姑娘。

「……」喬民不由呆住了，沒想到有這一幕，阿虹那樣柔弱的性格是絕不會來找他的。今天她怎麼啦？竟抱著孩子找上門，神態和以前完全大不一樣，喬民有些害怕了。

「好哇，原來你已經結婚了？還有孩子，你這騙子！」他的北京女友將筷子摔在喬民臉上，憤憤而起，拎起皮包衝出門去。

「你不要走！聽我說……」喬民欲趕出去。

阿虹拉住他冷笑著說：「現在你有錢了，能養活我們倆了。今天一家團聚，怎麼樣？不要去追她了，她是個狐狸精。」

「別這樣嘛，你現在不是很好嗎，找了個有錢的丈夫。我有什麼，好容易找了一個女朋友，被你趕跑了。」喬民不由沮喪地說。

「虧你還說得出口，為什麼去向德宏要錢？你憑什麼，拋棄了我們母子倆，出賣了我們，還心安理得的在這享用美餐，你還是人嗎？」她狠狠地將小方桌掀翻，只聽「嘩啦啦」一聲，一桌美味佳餚全撒在了榻榻眯上。

「你卑鄙，無恥！你禽獸不如！」阿虹再也不是兩年前像羔羊一般柔順的姑娘了，她對喬民的恨像決堤一樣洪水從心底湧了出來。

喬民重重地挨了阿虹一記耳光，他捂住臉，一聲沒響。阿虹還要衝上去，被莉華拉住，「阿虹別這樣，會把孩子嚇壞了。」

「我不要孩子，不要！是你的！」阿虹將孩子塞到喬民面前。喬民欲接，又不敢接，一步步朝後退去。

正在這時，德宏和阿虹的父母趕來。

「你為什麼給他錢？」阿虹痛聲哭了起來，懷裡的孩子也嚇得哇哇地哭了起來。

「我沒別的意思，我看他一個人怪可憐的。」

喬民胆怯地縮在角落裡，像個可憐蟲。

原來喬民他把如何騙取五百萬日元的事對一位上海人講了，沒想到那位上海人是莉華的好友，他罵喬民簡直不是人！

喬民也曾經自懺悔過，想起和阿虹在一起的生活，很想去看看兒子，可是沒臉面踏進德宏家。

「回家去吧，阿虹。」德宏勸說道。

「不，我沒有家，沒有家！」阿虹像個陌生人一般地呆望著德宏，厭惡地推開他。

她的眼前飛快地閃過喬民笑嘻嘻的面孔和德宏滿頭銀髮的臉，她看到一張張日元在他們兩人中間飛轉著。

突然，她停住了哭，茫然失措地尋找著什麼，她兩手在空中亂抓，她哈哈大笑：「抓到了，抓到了，多少錢？」

「媽媽，看看，這麼多錢，五百萬。」阿虹的母親看到女兒那雙癡呆的目光，她明白了，預感到事情終於發生了！

「她不能受強刺激的，否則會再發病的。」那是十幾年前一位精神病醫生對她講的話。

「阿虹……媽媽來了，在你身旁，不要怕，我們回家去。」
「我有家嗎？在哪兒，哪兒？」阿虹向四周環顧著。
一場暴雨，一陣雷聲轟轟地響著；春雨來得迅猛，將院子的櫻花打落了許多。
孩子被雷聲驚醒，哇哇大哭起來，「不要哭，不要哭！」阿虹發出尖刻的叫聲。
「阿虹——阿虹，你怎麼啦？」德宏先生老淚縱橫地呼喚著。
阿虹害怕地後退著：「不要碰我，我討厭你們。」阿虹的父母傷心地叫著女兒；莉華抱著孩子不知如何是好。
阿虹衝去屋外，她邊跑邊哭喊著：「我沒有家！沒有家呀！」這撕心裂肺如泣如訴的哭聲在空中久久回蕩。
「阿虹——回來，回來！」眾人一起奔跑出去，追趕著她。又是一陣震耳欲聾的雷聲，淹沒了微弱的呼喚聲。
「都不要我，不要我了！」阿虹披散著長髮，癡呆呆的站立在雨幕中，她抬起頭仰望著烏雲密布的天空，喃喃地自語道：「我沒有家，沒有家呀！」
她的精神澈底崩毀了，她瘋了，又一次瘋了！

奔向自由

嫁給日本人的中國新娘，由於各種原因，她們的婚姻並不完美。那麼嫁給在日中國人，新娘的情況又如何？她們幸福嗎？

在東京十幾年，聞悉中國妻子離婚的也不少，但還沒有聽說有逃走的，但是這次看到《華人報》刊登了一位中國人畫家，通過報紙焦急地呼喚妻子回來：

因為妻子突然逃走，不知去了哪裡？希望妻子她馬上和他聯繫，無論有什麼事都可以商量。這條新聞吸引了我，他妻子是和有錢的日本男人或戀人私奔了？還是被人拐跑了？這是一個迷。然而在下一期的新聞中，他妻子告訴記者說：「我決不會再回到他身邊。」

妻子說，丈夫在事業上很成功，有自己的事務所。夫唱婦隨，我每天都到事務所去幫忙工作，一心想把丈夫的事業輔助好。但是丈夫卻總對我起疑心，像防賊一樣防著我，唯恐我有外遇。我偶爾和小姐妹一起出去玩，他不停地打電話追問，恨不得把我變成整天掛在他腰上的ＢＰ機。我一點自由也沒有，這種生活實在無法忍受，無論如何我也不會回去！

看了這條消息，不由想起了前幾年也發生過類似的事件。在日本留學的有些中國丈夫對妻子管得很嚴，妻子整天和醋罈子大翻的丈夫生活在一起，難以忍受的；最後忍耐不住，只好離家出走。

在日留學生生活很艱辛，都希望能找一位相依為命、共同創業的伴侶。

但是在日本，中國女人經常會遇見熱情的日本男人；他們寂寞、孤獨時，想找女人聊天、喝酒、聊天；他們喜歡中國女人，因為她們坦率，熱情，刀嘴豆腐心；不像日本女人那樣含蓄，表面看似溫柔，可是內心強大，即使心裡藏有一把鋒利的刀，你也不知道。

但是在中國丈夫眼裡，日本男人都是好色之徒。因此，他們擔心妻子會受不住日本男人的誘惑，而出軌。

我認識的一位語言學校的同學，一位英俊的上海小夥子，能吃苦，也很討人喜歡，由於沒有簽證，就成了「黑戶口」。

後來找了一位漂亮的上海姑娘結了婚，不久生下了一個可愛的男孩，雖然兩人都是「黑戶口」，但也享受到日本政府的各種福利，有一段時間日子他們的小日子過得還是很快樂！

當我得知他結婚的消息，為他感到高興。他十年沒有回到家鄉，現在總算有了一個安定的家和可愛的兒子，人生有了希望。

然而結婚不到三年，聽到一個不好的消息，他打電話告訴我：「我老婆突然跑了！」

「和日本男人跑了？」我問道。

「不！她抱著孩子回上海了。」他回答我。

「回上海前，難道你不知道嗎？」

「不知道！我下班後回到家看到她的衣服都沒有了，我急忙打電話詢問她的朋友，朋友告訴我說，她帶著孩子回上海了！」

不可思議，妻子回中國，他居然一點也不知道，我問道，「你們吵架了？」

他歎息著說：「夫妻哪有不吵架的，吵歸吵，但還不至於離家出走。我每天都很辛苦的去上班，她不上班在家裡帶孩子。兒子長得像我，我很喜歡，下班回來逗著兒子玩，一天的疲勞也就消失了。」

我問：「你是否對妻子管得太緊了？」

「沒有。但是她有時玩到半夜才回家。有一次她和一個日本人在一起玩，被我抓住了。她還責怪我說，為什麼總是盯哨她、懷疑她。」

「你每天上班，她整天守在家裡看孩子也很寂寞，出去玩玩，未嘗不可，你何必大驚小怪去跟蹤？」

他連忙解釋道：「我上班時總放心不下，在班上偷偷給她打電話，看看她是否在家？有時家裡沒人，原來她把孩子放在表姐家，自己出去玩了，有這樣做妻子的嗎？我整天在外辛苦、勞累，還不是為了讓他們生活得好一些，可是她一點也不體諒我。」

我說：「以前她上班或上學，還有同學好友能聊天，現在一年到頭在家裡，的確很寂寞，偶然出去玩玩，你不該疑神疑鬼老盯著她，經常這樣，就會出現感情危機。」

他告訴我：「她出逃是她表弟一手策劃的，不聲不響先把她的行李先搬出去，瞞著我突然回上海。回上海後也不到我家。後來沒有錢用了，我錢寄給她，她才抱著孩子到我們家，可是坐了一會兒就走了。」

我勸告道：「你是否也該回國看看去，十年沒有和母親見面了？」

他馬上說：「我還得再拼搏幾年，多賺點錢，我這個年齡回國書找不到工作的，靠什麼生活呢？」

我說：「錢是掙不夠的，既然妻子和孩子已經回去了，你也應該回去。一家人團團圓圓，也是幸福，心裡踏實。」

「我已經三十多歲了，又沒有什麼專業，回去也掙不了錢。既然她已經走了，我再多打點工，多掙點錢，將來好養老。」

我關心地問：「將來你和妻子怎麼打算？」

「我們只好離婚！」他很爽快地說。

「未免太簡單了！兩歲的寶貝兒子怎麼辦？多可憐啊！」

他沉思了一會說：「兒子我一定要的，這樣的老婆我是不要了。」我們在電話裡聊了一個多小時，放下電話，我沉思了許久。

妻子也已經三十多歲了，有了孩子，按說是不會輕易出走的。也許她真的是忍無可忍，丈夫把她看得太緊，使她窒息，使她失去自由；雖然她的「黑戶口」身分還沒有被發現，可以繼續待在日本，她還是毅然帶著孩子回到上海，因為自由是最可貴的。

我以一個女人之心體驗他妻子的感受：如果我丈夫每天打三、四個電話問我在不在家？在幹什麼？我外出時盯著我，回來像審犯嫌疑人一樣盤根究底，我也會討厭的。

那位畫家和朋友的婚姻很相似，他們都是愛妻子、愛家、有責任心的丈夫，希望把日子過得更好，但是他們愛的方式卻給妻子帶來痛苦。

而逃走的妻子，不是因為丈夫遊手好閒、吃喝嫖賭；而是丈夫把愛變成了鎖鏈，從而也斷送了愛。

那位朋現在每天幸苦的打工，回到家又是孤獨一人，獨守空房；每月拿幾十萬日元的工資，是他人生唯一的希望和快樂。

為了避免妻子感到窒息而離家出走，最好的方法是「放寬政策」，讓妻子有寬鬆，自由的生活，這樣才會有幸福的夫妻生活。

二十幾年過去了，語言學校的這位同學，不知道現在是否還在東京打工？偶然，我會浮現出他帥氣，純真的面容。

當年他對我說，再掙攢到一千萬日元就回上海，當時留學生能攢到一千萬日元是一個天文數，相當人民幣六十萬元。

可是現在的六十萬元在上海已經不算多了，上海中環的公寓房要買到九萬一個平方，他在日本幸苦幹了幾十幾年，回國連一套房子也買不起！

看來還是他妻子當年逃回上海是上策，如果趕緊買一套房子，現在增值的錢比丈夫掙的還要多！當年十幾萬元的房價已經翻了二十幾倍！

不知他妻子現在怎麼了？孩子也已經有二十幾歲了。

所以人不能固步自封，要向前看！而不是向「錢」看！

天使的憤怒

一架美國西北航空公司的飛機在太平洋上空飛翔，這幾年美國航空公司不景氣，即使只有寥寥無幾的乘客，飛機照樣要按航班起飛。為了節省開支，衛生間裡的香水也不供應了，裁減了年輕的航空小姐，換了一批工作了幾十年的老頭、老太。

有錢能使鬼推磨，沒錢寸步難行，國家是這樣，個人也是如此。坐在頭等艙的原田美子瞟了一眼來送飲料的航空老太不由暗自得意起來。

五年前她的真名叫張雯雯，是上海某大學物理系的高材生，精通英語、略懂日語；還會講粵語，是一位才貌雙全的年輕姑娘。在來到日本的五年人生旅途中，對她來說，如同走了一個世紀一樣漫長，她經歷了許許多多……

此刻她坐在頭等艙裡，拿出「資生堂」的化妝品，小鏡子裡那雙曾經透亮、清澈的雙眼，現在是那麼得冷淡，純清的笑容已消失，取而代之的是嫵媚的、假惺惺的笑容。

年過三十，在東京擁有一幢價值五千萬日元的洋房；在上海陽澄湖、無錫太湖各有一幢別墅，在日本富士銀行裡有幾千萬日元的存款。

現在她是一家國際貿易公司的老闆，名片上醒目地印著：日本東京遠洋國際貿易公司董事長：原田美子。她拿的是日本護照，說著一口流利的日語、英語，使那些追求她的男人垂誕三尺，又望而生畏。

她將小鏡子放回了蛇皮包裡。突然，手在包裡停住了，她慢慢地拿出一樣東西，那是一封信。信封的邊緣已皺得毛糙糙的裂了許多小口，這封信她整整藏了五年，就是這封信改變了她的性格，改變了她的命運。

她猶豫了一下將信抽出，嘴邊露出一絲冷笑，塗著紅色指甲油纖細的手將信慢慢打開，一行熟悉雋秀的字跡出現眼前。

「親愛的雯雯，當我提起筆寫這封信時，心情異常沉重，感謝你為我做出來許多犧牲，也給了我真摯的愛。我們要面對現實，遠隔千里，難成眷屬，我也沒有能力將你辦到美國……我們的關係到此結束，原諒我……」

這封信她不知看了多少遍，至今她的目光仍充滿了怨恨；她永遠也忘不了五年前的一天，當她收到這封盼望了三個月的信後，哭得昏天昏地，她歇斯底里地將準備結婚的服裝、物品從衣櫃裡拿出來，一件件地撕毀、剪破，甩在窗外；將桌上的小擺設摔碎，砸爛，發洩她的恨與仇——她無法忍受這突如其來沉重的打擊，無法相信這封信是一年前還信誓旦旦，戀愛了六年的男友寫的。

他倆是同班的高材生，一起分派到上海某研究單位，搞的是同一個專案，石化工程乙稀系程電腦控制設備。兩人相親相愛，卿卿我我，真是天生的一對。可是快要要結婚的前幾個月，他說自己才二十八歲，結婚還太早，先立業後成家，想去美國留學，再創一番事業。

她同意了，拿出了所有的儲蓄給他，托了一位在美國最好的女友，將男友辦到了美國。男友走後，每星期都來信，每次收到信，她偷偷地躲在新房裡不知要看了多少遍。

後來三個月無音訊，卻意外地收到這封信。她打了長途電話給女友，才知男友和她住在一起了，她氣得發瘋了，恨不得長翅飛到太平洋彼岸，將兩人掐死！

當她無力地癱在新買的婚床上，她的死死目光盯在一把水果刀上，我要用死來讓他懺悔！猛地，她拿起了刀，朝右動脈刺去——頓時，血流如注，她這才恐慌地大喊起來，衝出門外……

她沒有死，搶救到淮海醫院。出院後，覺得無顏見同事、親戚朋友，第二天將嫁妝全部拍賣掉，賣了三萬元人民幣。

「我也要出國，出國去，我會報復你的！」她的內心不止一次地詛咒道。

她找了一位臺灣人，同意以 百二十萬日元為代價，幫她辦到日本去。

為了湊滿這筆錢，夜裡偷偷去「燕子」酒店上班，又向父母、朋友借了一些，終於東渡扶桑。當她踏上這塊陌生的國土時，她給自己訂了目標：考研究生、考博士，再去美國留學，以一個勝利者的姿態出現在他倆面前，然而，一切並非她想得那樣順利。

一個弱不禁風的嬌女子，從未幹過粗活。剛到日本不會說日語，只好去一家料理店洗碗，每小時七百日元。晚上再去一家咖啡店打工，一直幹到半夜十二點。為了節省開支，她與另一位上海姑娘合住在一起，沒多久，上海姑娘的男朋友來了，她只好搬出去住，半年內，她搬了三次家。

那天下著濛濛細雨，胃病又犯了，提前一個小時回家，進不了屋，因為同屋女同學的男朋友正在睡覺。

她神色茫然，冒著細雨，踽踽獨行在不遠的小公園裡。走累了，一個人呆呆地坐在木板凳上。前面是橫在半空中的國鐵，一輛山手線車隆隆地朝前開去，她緩緩地抬起來，望著前面的車，任憑冰涼的雨點打在臉上。

什麼時候能還掉債務？再掙一百萬日元考研究生呢。國外生活如此艱難。想當初，他也是受不了異國生活的艱苦，不得不拋棄她，另覓出路；可是他連半年也熬不下去，竟與她睡在一起，想到這裡，不由怒氣衝天。

不知坐了多少久，雨慢慢停了，渾身上下被雨淋濕了。正要起身走，聽到後面傳來一個洪亮的聲音，「晚安，為什麼一個人待在這裡？」

雯雯回頭一看，是一個身材魁梧、英俊，約四十歲左右的男人牽著一條狗站在她面前。

「……」她下意識的看了看淋濕的衣服，尷尬的笑了笑。

「你就住在附近？我每天看見你騎著車上學。我叫原田，就住前面……」他手指著前面一幢小巧玲瓏的別墅。院子裡有幾棵高大的柿子樹，還沒有完全成熟的柿子垂在牆外，有幾次她很想去摘，可是夠不著。

「噢，那兒我常路過。」雯雯每天都經過那裡，時常還朝那小院看看，她多羨慕這棟別墅的主人，自己像個「灰姑娘」一樣四處為家。

「你有什麼不高興的事？」原田關切地問道。

「……沒有，」雯雯低語著。

「我在屋裡，看你坐很久了？」

「我進不去屋，忘帶鑰匙了。」她只好說謊。

「那去我家坐一會兒吧。」原田誠懇地邀請道。

「不……我想她該回來了。對不起，先走了。」

「以後忘了帶鑰匙，就來我家玩，別客氣。」原田牽著狗，邊走邊回頭說。

「好的，謝謝！以後一定去。」雯雯雖然對男人懷著戒心，可她很真想進豪宅看看，屋內一定非常豪華。

說來也巧，一天，她騎著車去小店買菜路過原田家，忍不住朝裡面張望了一下，正好看原院在園裡修剪樹枝。

「你好，小姐。」他熱情的招呼著。

「你好，原田先生。」

「進屋坐一會吧，如果有時間的話。」原田打開了小院的鐵門。

「噢……好吧。」雯雯不好意思推卻，便走了進去。

「好漂亮了！」小院修整得非常雅致，青磚鋪成的小道邊種著一排鬱金香，開著紫色、粉紅色的花。走廊裡鋪著玫瑰紅羊毛地毯，牆上掛著幾幅日本仕女畫，非常優雅。

她想，女主人一定是典雅、能幹而有藝術細胞，難怪原田活得瀟灑、飄逸。雯雯坐在有卡拉OK電視螢幕的客廳裡，有些拘束。

她住的是陋室，幹的是粗活，今天坐在豪華的屋裡，她第一次感受到，人和人之間是多麼不平等。

原田熱情的泡了一杯日本抹茶，坐在前面的沙發上，他們談了起來。

交談中，她知道原田在板橋環境綜合公司當老闆，還有一家不動產。他幾年前離婚了，現在一個人生活，每星期一位日本老婦來清掃兩次。

第一次見面，他倆客氣地談了一會，她就離開了。

以後每星期日，她總要抽空來這裡坐一會兒，她對原田的戒備心漸漸地松下來，和原田聊天是一種享受：聊人生、哲學，也聊愛情。

有時他們一起在客廳裡唱歌，去居酒家喝酒，有時原田馳車帶她去日光、伊豆名勝旅遊地去玩，就這樣兩人相處了半年。

奇怪的是，原田連一句「我喜歡你」的話也沒有對她說過，雯雯感到有些失落。自己喜歡和他在一起，他成熟而富有魅力的面龐，他那渾厚的男中音……

當雯雯坐在這間別墅裡，有一種安定感，她不想再獨自漂泊流浪，她想成家，嫁給一位有錢的日本人，要讓她的男友嫉妒。

一年後，在原田的幫助下，她還清了全部債務。

一次，雯雯終於說出了自己被男友拋棄悲痛欲絕的往事，原田激動地將她抱住說：「真可憐，上次我看見你坐在雨中，就知道你內心一定有難言的痛苦；女孩子來國外不容易，我很想幫助你……」

原田握住雯雯的纖纖細手，「你真可愛，我很歡喜和你在一起。」雯雯第一次聽到他深情而動聽的話語，忍不住投到他懷裡哭了起來。

好久，好久，她抬起頭來萬般柔情地說：「你願意要我嗎？我好累，」

「不，不能，你那麼年輕，我離過兩次婚了……」原田有些恐慌地說。

「為什麼不行？因為我是外國人嗎？」

「不是，我離過婚……」原田痛苦的低語道。

「我不嫌你結過婚，你是個好人，我會對你好的。」雯雯覺得自己已經離不開原田了，成熟男人的魅力深深吸引著她。他是東京大學經濟系畢業，有錢有地位的老闆。

原田垂下了眼簾說：「我很想有一個妻子，這幢冷颼颼的房裡就有女主人了；回到家裡，可以吃上熱呼呼的晚飯，夜裡我們一起看月彈琴，多好！可我怕再次離婚。」原田臉上掠過一絲喜悅，但瞬間消失了。

「我會做很好吃的中華料理，也會做簡單的日本料理，我也喜歡收拾房間。」

「好吧，我考慮一下……好嗎？」原田擁抱著雯雯。他沒有過分的衝動，雯雯覺得他是那麼得成熟、穩重。

幾天後，原田來電話告訴雯雯說，可以結婚，但不辦酒席，去國外新婚旅遊。還有一條聲明：如果雯雯覺得以後不幸福，可以離開他，絕不勉強。

不久他們結婚了，沒辦婚禮，請了一些同學朋友在家中歡聚一堂，大家無不羨慕雯雯找了一個好丈夫。

新婚旅遊也很愉快，只是丈夫對房事不是很感興趣，每次都說，我有點累了。雯雯心想，他離了兩次婚，心靈上受到了創傷，對女人厭倦了？

結婚後她不再去學校念書，每天清晨起來，收拾好院內的一切，煮好麵條，悄悄走進臥室，吻著睡得香甜的丈夫：「可以起床了。」

原田吃完了早餐，開著車走了。在這樣溫馨的家裡，她什麼都滿意、順心，她不再是一個拎著皮箱到處找借宿的流浪者了。不論需要買什麼東西，原田總是親自陪她去買，微笑著耐心地等待在一旁。

原田下班很早，不去外面喝酒，喜歡在家裡一邊看著電視中的相撲比賽，一邊呷幾口清酒，他很滿意自己娶了個漂亮年輕又能幹的中國妻子。

生活平靜而舒適，雯雯也忘記了過去的一切不幸，忘記了復仇與怨恨。現在她有簽證、有錢，這是以前男友所不能給她的。

然而，一件意外的事，使她的生活道路再一次改變。

原田這些日子回來很晚，回到家後沉默寡言，對電視裡的相撲比賽、球賽也失去了興趣。洗了澡，看一會兒《朝日新聞》的晚間新聞，就去房間睡覺了。

「近來公司很忙嗎？」雯雯關切地問道，原田搖搖了頭。

「是不是和孩子又見面了。」原田經常要和與以前的妻子和兩個孩子見面，他們一起父子會餐。

原田搖搖頭，他顯得有些不耐煩了。

這幾天，每當雯雯鑽進被窩想摟住他時，他冷冷地說：「我太累了，想早些休息，你也早些睡吧。」

雯雯感到很委屈，每天一個人待在別墅裡，時間長了，覺得有點悶得慌。好不容易等他回來，卻如此冰冷。為什麼突然對我冷淡了？難道他在外面有戀人了？雯雯躺在床上輾轉反側，一夜未眠。

第二天，她沒起床做早餐，原田也不叫醒她，自己上班了。

這一天，她悶悶不樂待在屋裡，心煩意亂。晚上十點，原田還沒回來，他去哪了呢？雯雯再也坐不住了，就去公司看看。公司不遠，就在前面二站路，騎自行車十分鐘就到了。

她想好了，藉口說去同學家玩，正好經過此地，日本妻子一般不去丈夫公司。雯雯顧不得那麼多了，如果他還在工作，叫他一起回去。如果不在，肯定與別的女人約會去了。

車騎到板橋的一幢大樓前停下來，許多中小企業公司設在這座大樓裡，這兒地段離市中心較遠，房費便宜。原來這幢大樓也是原田的，離婚後自己留下了五層樓做辦公室，其餘的分給兩任妻子。

看到五樓的燈還亮著，雯雯心想，他也很辛苦，自己辛苦創業掙來的財產，都判給了妻子，只留下一棟別墅和一個小公司。想到這裡，她為原田感到不平，難怪他不願意再結婚，怕再分掉他的財產，自己就一無所有了。

五層樓的幾間辦公室，只有丈夫的房間仍亮著燈。她對這個辦公室太熟悉了，婚前原田曾讓她在這裡幹幾個月的臨時工。

在丈夫辦公室的門口她停了腳步，這麼晚了丈夫還在上班，我卻疑心他有外遇，真不應該！萬一他和客戶談生意，魯莽進去，太不禮貌。

她猶豫著，看見裡面的燈關上了，他要出來了！雯雯想趕緊逃走，可是已經來不及了，他一出門就會發現她，這樣更不好，乾脆大大方方等他出來。

她站在門前好久，沒有動靜，奇怪，會不會是小偷？想到這兒，她猛地推開辦公室的門；門沒鎖，一下子被撞開了，她馬上打開燈。

燈亮了，眼前的景象使她驚愣得幾乎暈倒，她不敢相信自己的眼睛，只見原田和一個後面紮著小辮子的女人摟抱在沙發上，鋪在沙發上的毯子蓋住了他們的身體……三個人同時驚叫起來。

沒等原田和那位女人站起來，雯雯抑不住內心的怒火，上前一把將毯子拉開——頓時，她渾身打了個寒顫，原來這個「女人」是個男人，她看到上帝賦予他的陽物。

「八嘎！」她發瘋般地吼叫起來，她無法相信眼前的一切，原來原田是同性戀者！

他倆也愣住了，還沒等他們清醒過來，茶杯、咖啡缸打在他們身上。

原田護著他的「戀人」，將他躲在自己身後。雯雯更來氣了，使勁地用拳頭捶著原田，原田一言不發。

雯雯忍不住哭了起來，衝出門外。她哭自己太倒楣了，離婚，馬上離婚！不能蒙受這恥辱，怪不得他在性生活上那麼冷淡，她從來不曾懷疑丈夫是同性戀。

真晦氣，她眼前又出現了剛才兩人赤裸裸親熱的一幕。原想結婚後太太平平過一輩子。沒想到，災星再次降臨！

同學朋友都羨慕我找了一個好丈夫，這是什麼丈夫呀！男友拋棄了她，她已經割脈自殺過一次了，這次該怎麼辦？再自殺？不，我要活下去。離婚？不能被人看笑話。離開這兒，再創一番事業，沒有勇氣和力量；我厭倦了、疲勞了。

我才二十八歲，怎麼辦？和衣躺在床上，想著，想著迷迷暈暈睡著了。

她睜開眼睛，原田不知什麼時候已躺在被窩裡，她驀地從床上跳了起來，厭惡地望著原田。

「你怎麼也不脫衣服就睡了，會著涼的。」

雯雯下意識的用棉被裹住了身體，可轉眼一想，他不喜歡女人。

他冷漠地望著雯雯，眼中沒有一絲懺悔之意。

她怒不可抑，指著他大聲質問道：「你為什麼要這樣？」

他一點沒有膽怯，冷靜的一句一字吐出了這樣的話：「我們已經好了二十年了，沒有誰能使我們分開。」

「你……」雯雯原想他一定會流著眼淚乞求她原諒，並發誓痛改前非，她發一頓脾氣後也許會原諒他。

丈夫很鎮靜，雯雯一時不知如何才好。

「以前兩個妻子也是這樣離婚的。她們走了，可他卻沒有，二十年來一直陪在我身旁。我們在一個公司上班，當年我被開除了，窮途潦倒，是他陪著我到處找工作；他性情溫柔，像女人一樣照顧我，幫我洗衣服、泡茶水。我回到宿舍，他一聲不響地幫我按摩。那年女朋友也跟著父親去了美國，我覺得生活失去了希望，真想自殺！那天他真情地勸我，我一下抱住了他，狠勁地揍他；他任憑我發洩，如果沒有他，我就沒有今天。」

原田從床上坐了起來，點了一支煙，慢悠悠地抽了起來：「那天，我聽到你的男友也去了美國，拋棄了你，我想起了二十年前的我，我是男人，看見心愛的人走了忍受不了，何況你是姑娘，所以我很同情你。」

雯雯想，他和我一樣，我們同病相憐。

「我從此再也不相信什麼愛情了，我們倆離不開。一次，他哭著告訴我，他的家世，他父親在群馬縣當兵到中國，後來死在戰場。母親領著兩個女兒和他過著艱辛的生活。他從來也沒穿過一件新衣服，母親給他穿姐姐的舊衣服，一直到十五歲。白天母親去漁場拉貨，姐姐到城裡送牛奶，他一個人抱著人偶坐到晚上。後來母親得了肺炎死了，姐姐也累倒了，他被東京的舅父收養，念了幾年書，就出來當臨時工。」

雯雯聽著丈夫說他的「戀愛」史，她嫉妒又可憐那位「情敵」。

「他遇見我，說我長得像他父親，他把我當作他的保護神。後來我掙了錢，辦了一家攝影廣告公司，他成了我的模特兒。年輕時，他非常美，化了妝，比中國的梅蘭芳都漂亮，我們一起生活了十年。後來考慮社會上的影響，不能經常在一起，我們只好都結婚。

他結婚後，有了一個孩子。我結了兩次婚，妻子發現我這樣，不聽我解釋，第二天吵著要離婚。離就離，我也不愛她們，後來為了社會的輿論，我又結了婚，沒想到，又離了……」

原田苦笑著說：「我再也不想結婚了，遇見了你。我很喜歡你、同情你，就這樣又結婚了……」

原田望著沉思的雯雯平靜的說：「你要離婚也可以，我可以給你一些錢。房子不給你，我也老了，總該有個窩。」他有些傷感，深深地歎息道。

如果不離婚，允許他和「戀人」約會，我怎麼辦？雯雯心想著。

「如果你不想離婚，和你喜歡的男人來往，我不會反對。我不可能把全部的愛給你，我和他，我們彼此這輩子誰也離不開誰。」原田果斷的說。

雯雯說不出清自己是什麼感受：同情、怨恨、厭惡……她一時很難分清。

「我要早些去公司，昨天你摔了許多東西，我去收拾一下。你不要起來做早餐了，我出去吃點拉麵，」原田輕輕地說著，憂鬱地望了雯雯一眼，就起床了。

平心而論，他的確是不錯的日本人，他的一生並不容易，這些家產都是他奮鬥創業得來的。可他並不幸福，與「戀人」只能偷偷約會，不能自由行走在大道上。他比有外遇的男人更痛苦，連情人旅館也不能去，他們不能痛痛快快的愛。

「我怎麼辦？怎麼辦？」這一天，雯雯腦海裡一直始終跳著這幾個字。

離婚再找一個，找一個公務員，三十萬工資，節省著過日子。找有錢的日本男人，他們會逢場作戲，在外拈花惹草，你也管不住。想來想去，還是原田好，他絕不會去找別的女人。

終於下定決心，不離婚！既然找不到真愛的男人，那麼和誰一起過日子不都是一樣嗎？原田允許她寂寞時找男朋友。

一切談妥了，這個新婚不到一年的家，經歷了一場疼痛的撕裂，外界無人知曉，在朋友看的眼裡，他們仍是一對和諧美滿的夫妻。

雯雯再也不想守這個空家屋，她要出去工作，借此解消苦惱，重新調整生活方式，掙錢成了她唯一的目標。

聽說男友與女朋友分手了，他沒有拿到綠卡，仍在一家超級市場幹苦力。

兩年後，我要買下他居住的樓房，甩一疊美金讓他看看。為了達到復仇的目的，她決定改變自己，什麼忠誠、善良、見鬼去吧！

原田幫她在新宿開了一家高級酒店，每天下午四點到店裡上班，晚上十二點回來，這樣不用孑然一身待在空蕩蕩的家裡，守著一個不愛她的丈夫。

在酒店裡，她認識了各種各樣的客人：年輕的、英俊的、有錢的，她也變成了一個風流妖豔、周旋八方的老闆娘。

一個偶然的機會，使她發了一筆大財。由於酒店裡漂亮的小姐不多，影響了客源。一位常來的黑社會頭子客人給她介紹了兩位十五歲的菲律賓姑娘，她們長得濃眉大眼，漂亮可愛。

日本小姐的每月的工資五十萬日元，菲律賓女孩二十萬就夠了，這太合算了。有人氣的日本小姐工作時，還要擺架子，不高興辭職走了；菲律賓小姐安分、老實，單純、可愛，用了兩位菲律賓小姐之後，店裡的生意更加興隆了。

一天，開不動產的大老闆彬本對她說：「幫我找一個情人，要年輕、可愛、溫柔，漂亮的。」

「要年輕、漂亮、溫柔、上哪去找？」

「遠在天邊，近在眼前，惠美子年輕又性感。怎麼樣，給你介紹費。」

「老色鬼，盡想好事，不怕你老婆摔醋罎子嗎？」她嘲笑著說。

「老婆更年期了，性生活越來越冷淡。」

「不行，她一個月要為我掙幾十萬日元，一年幾百萬，你能給嗎？」雯雯隨口說著。

「小意思，我給你兩百萬，怎麼樣？」老闆喝多了，也信口開河。

「好，一言為定。」雯雯說完這句話時，腦子盤算著，我買來一百萬，賣出去兩百萬，這可是一筆好賣買。這裡獨身、好色的男人多的是，多賣幾個，幾千萬日元不就輕而易舉到手了嗎？何必每天陪著醉鬼喝到半夜？

那天她請惠美子喝咖啡，和顏悅色地說：「惠美子，彬本老闆看中你了，做他的情人，你願意嗎？」

「我害怕，在媽媽桑這兒好。」惠美子原來是菲律賓貧困農村的孩子，父母長期患有病，家中兄妹五人，每天餓得吃不到一頓飽飯。一位臺灣女人付給她父母三十萬日元，說要帶惠美子去日本掙錢，後來臺灣女人將她賣給了黑社會，掙了五十萬日元。

黑社會將這些騙來的女孩子再轉手送到日本的高級酒店工作，每月還能從中掙到幾十萬。可憐的惠美子成了這些人的掙錢工具，她一點兒也不知道內情，覺得日本有錢，現在每月拿十萬日元，寄給鄉下父母兩萬日元，家人高興的來信說，弟弟妹妹有錢治病，有飯吃了。

雯雯對她很客氣，自己也是從異國而來，她將自己穿不下的衣服送給她，喜得惠美子連聲說：「謝謝，謝謝。」

彬本雖然好色，可人還不錯，常常握住惠美子的小手說，「真可愛，我愛你。」

「你去吧，彬本會對你好的。你給他做飯，伺候他，比在這兒好，這裡的客人多，他們都想占你便宜，我叫彬本每月給你十五萬零用錢，你可以多寄點回家，你母親的病就能治好了。」

「真的？」惠美子眼中閃出光亮。

「真的，他不會欺騙你的。我三年前認識他，那時我和你一樣，不會說話，又沒錢，他常常來咖啡店喝咖啡，給我許多小費。」雯雯雯彷彿也動了感情，但她說的是實話，自己剛來日本時，得到別人的一點恩惠，怎麼也忘不了。

「媽媽桑，你很幸福，有那麼多錢。」惠美子羨慕地說。

「……是的，是的。」雯雯苦笑著，「這都要花代價的。你還小不懂，要想辦法多掙錢，知道嗎？如果以後彬本不喜歡你了，你再回來。」

「好的，我會很想你的，你是我來日本後遇到最好的人。」惠美子哭著說。

雯雯看著天真無邪的惠美子，內心一陣難過。她知道自己正在做一件違法的事；她像販子一樣把她當作商品一樣賣掉，而惠美子還把她當作救世主。

如果惠美子被那個黑社會頭目賣到歌舞伎町的妓院去，她的命運不是更慘了嗎？惠美子去彬本那兒算是幸運的。幾年後，有了錢再回到菲律賓，不也成了一位有錢人了嗎。

她這樣想，覺得心安理，不再感到良心上的譴責。

當她將惠美子送到彬本為她借好的房子時，嚴肅的對彬本說：「不能虐待她，每月給她十五萬，讓她寄回老家。」

「放心！我愛都來不及，怎麼會虐待她呢？瞧她多可愛。」彬本色眯眯的望著惠美子。一筆交易就這樣做成了，五十萬日元，相當於酒店半個月的純利潤，多麼容易的買賣，真是一條快速發財之道！

惠美子時常打電話來說，彬本對她不錯，每星期來幾次與她過夜。平時她在學日語，還想學日本料理，以後有了錢，回家鄉開一家日本料理店。雯雯聽了很高興，三人都滿意，何樂而不為呢？

不到一年的時間，她前後轉手賣掉四位菲律賓姑娘，得了五百多萬日元，她把年齡、長相，是否處女來當作討價還價的法碼。

一次，她直接從臺灣女人手裡，買來一位十六歲的姑娘，漂亮得連自己都嫉妒，那姑娘的眼睛像藍寶石一樣閃閃發亮。如果在馬來西亞的選美會她一定會獲得冠軍，可如今卻被她換手賣給了一個年近六十的百萬富翁。

每次賣掉一位姑娘，她內心自就我譴責一番，但，當她看到存款上的錢越來越多時，又抑制不住內心的激動：「有什麼可譴責的，我不幹，也會有人幹；我沒有將她們賣到妓院去，給她們找了一個好男人。我要掙滿一個億，甩大把的錢給他看，這個卑劣的男人！」她又想起了背叛她的男友。

每當她翻出五年前男友的這封絕情信後，強烈的復仇心理使她變得貪婪無窮，冷酷無情。

我不會再割脈自殺，回上海後，送一份厚禮給他父母看看。

她幹的這些事，原田一點也不知道，他看到妻子每天工作到深夜才回來，對他私生活從也不過問，心裡感到十分慚愧；更使他感動的是在這兩年，她沒有找一個情人，仍像以前那樣對他。

為此，當雯雯提出要三千萬日元在上海買兩套別墅時，他毫不猶豫的就答應了。只要妻子允許他繼續愛他的「戀人」，他什麼也不在乎。為了報答妻子的寬宏大量，他考慮是否將自己八千萬元的生命保險金由妻子來繼承。

雯雯為自己不離婚的決策而得意，儘管丈夫對於異性性冷，但其他方面都能滿足她。如今，她躊躇滿意要再賣五位馬來西亞的姑娘時，一件意外的事使她決定洗手不幹了。

這天下午，她躺在床上設計著下一步的創業藍圖。自己會講英語、日語，又學過幾年國際貿易，為何不開個體面公司，將日本的舊設備賣到中國去，這比販賣女人要體面、氣派得多。

這時電話鈴響了：「是美子嗎？你怎麼搞的，菲律賓姑娘第三天逃跑了，找了一個星期也不見，是不是又跑到你這兒來了？」說話的是一家酒家的店長，前幾天他花了兩百萬買了一位二十歲的姑娘。

「怎麼會跑的？不可能！在日本她不認識誰，會不會迷路？」雯雯第一次碰到姑娘逃跑的事。她有些害怕，萬一被黑社會騙走，再賣到妓女院就糟了，會不會被人殺害？前幾天連續報導，兩位菲律賓姑娘被人殺死在家裡和情人旅館。

為此，現在的菲律賓政府對出國的年輕姑娘管得很緊。有關婦女團體也發出呼籲：姑娘切自重，千萬不要再去日本！然而，被貧困逼急的姑娘「不入虎穴，焉得虎子」。凡是從日本回來的姑娘，哪個沒有一套套的日本家電和一疊疊日元，許多姑娘都羨慕不已。

雯雯派人在火車站、汽車站及繁華的街道找了一個星期，毫無蹤影。為此她賠了兩百萬日元，這是她第一次做虧本生意。

後來才得知那姑娘是第二次來日本了，並非是初出茅廬的鄉下姑娘。她能說一口流利的日語，跟著一位大老闆去沖繩度蜜月去了。

接下來的事，更使她的心靈深處受到了衝擊；當她決定結束這段不光彩而又違法的生意，好久沒來的彬本突然到了酒店，沮喪地說：「金屋藏嬌被夫人發現了，責令要我馬上將惠美子趕走。可是惠美子懷孕七個月，快要生了。」

他萬分懊喪地說：「真捨不得她走，跟我二年了。那麼聽話，又惹人愛。惠美子知道後，哭得眼睛都腫了。她說要把孩子生下來再走，我怎麼呢？」彬本哭喪著臉，連連歎氣。

「在外面找個地方，等孩子生下來再說。」

「不行，夫人派私人偵探每天跟著我。我不能為惠美子的事和她離婚，公司的一半股份是她的。再說事情被捅出來，我的臉面朝哪兒擱，被兒子、女兒看不起；給她點錢，讓她自己想辦法了。」

「你也太冷酷了，懷孕了趕她出去，這怎麼行。她人生地不熟的，萬一出什麼事，怎麼辦？」雯雯生氣了。這些男人一個個都是窩囊廢！出了事首先保自己，她不能眼睜睜地看到惠美子被彬本夫人趕出日本。

「先住我這兒，等生了孩子讓她回國去，你要付一筆撫養費，因為是你的骨肉。」

「當然，當然，我會給她一筆錢，夠她母子生活一輩子。」彬本高興的說。

惠美子哭哭啼啼的離開了衫本的公寓，後來生下了一個小女孩。半年後，她抱著孩子要回國了。

那天彬本、雯雯送她到機場。今天的惠美子已不是一年前那個清純的姑娘了，雖然彬本待她不錯，最後她還是被拋棄，凄涼的回國了。

她憔悴多了，那雙明亮的雙眸充滿了無限的哀愁，她萬般柔情地望了彬本。

彬本垂下了頭，撫摸著她的頭：「以後我會出差來看你，你好好撫養孩子，我會寄錢來的。」小女孩長得像惠美子，非常漂亮，她瞪大了眼睛，不知道這世界上發生了什麼事。

「媽媽桑，謝謝你了。在日本除了彬本，你對我最好，我捨不得離開你。」惠美子拉著雯雯的手哽咽道。

「我……我對你不好，對不起你。」驟然，雯雯不由觸景生情，自己也是異國女子，獨闖異鄉天地。在那個風雨之夜，無家可歸，獨自坐在公園的小森凳上，任憑風雨吹打。

每天拖著一雙沉重的腳步，回到窄小的木板房裡，坐在燈下，看著一雙洗碗洗得發炎潰爛的雙手。如果自己也是這樣抱著一個剛出世的孩子被趕出門，該怎麼辦？

想到這裡，雯雯一下子緊緊地擁抱著惠美子：「是我害了你，原諒我，惠美子。」豆大的淚水從眼眶裡流了出來，她為惠美子哭泣，也為自己哭泣。

她心裡在說：我和你一樣，也不幸福。我也沒有愛的男人，我們都是不幸的女人。

「這些錢你拿著，回去開個小店，撫養孩子。」雯雯從包裡拿出一個紅色的寫著賀字的禮袋，裡面裝了二十萬日元。

「不要，我不能要你的錢。」惠美子縮回手，「我住在你那兒半年，沒有付房費，心裡過意不去。」惠美子執意不收，使雯雯覺得難過，她從惠美子那兒掙了一百萬日元。杉本因為很滿意惠美子，後來又給了她五十萬謝金。

「收下吧，這是媽媽桑的一片心意，你不收她會不高興的。」彬本勸說著。

惠美子這才收下，她深深地朝雯雯鞠了一個九十度的躬，當她抬起頭來時，淚水似雨線般地流了出來。

她走了，抱著一個在異國出身的孩子回到自己的國土。她才二十歲，經歷了許許多多，回到國內等待她的是什麼命運？

雯雯茫然地站在侯機室，望著消失了的人影，心靈深處又一次受了衝擊，她從惠美子鬱愁的眼神中看到了自己。

一個月後，她果斷地關閉了酒店，開了一家國際貿易公司。

半年後就談成了兩筆大生意，投資五千萬日元與橫濱一家老闆合作在上海浦東建了一所倉庫，並與上海房產公司合資建造了無錫湖上別墅。

當她帶著日本老闆去中國談判時，抽空去了男朋友的家，送了一根金項鍊送給了以前「未來的婆婆」；一個收錄兩用的松下答錄機給了「公公」。

「婆婆、公公」又喜又愧，誇她氣量大，有福份，兒子放棄這樣好的媳婦，就是沒有福氣！

「他現在好嗎？」她問家人。

如今他還在紐約中華飯店當夥計，三年沒有回來一次。

「他有難處，出國不容易，我不怪他。如果他有什麼困難，叫他寫信來，我夏天去芝加哥，準備在那兒建一個分公司，讓他到我這兒上班。」

喜得男友的父母連連點頭道謝：「一定寫信告訴他，當初，我們也不同意你們分手的。」

「沒什麼，過去的事不要再提了。我馬上要去華亭賓館談生意了，晚上你們來賓館用餐，叫弟妹一起去。」

「不用了，不用了，不好意思。」男友父母慚愧的謝絕了。

雯雯笑了笑，揮揮手說聲「再見」。她坐上了等在門口的計程車，一溜煙地開走了。

在車上，她收斂了迷人可愛的微笑，「哼！叫你們晚上睡不著，叫你兒子後悔一輩子！」

不久，她坐上了飛向了美國的航班，在這之前，她誠懇的寫了兩封信給男友與女友，告訴他們在芝加哥見！有好工作等著他們。

飛機在厚厚的雲層中穿過，時而搖晃，時而傾斜著；廣播裡播音員關照大家不要走動，旁邊一位小姑娘嚇得拉著她父親的手。

坐在頭等艙的雯雯穩穩地坐著，一點也不慌張，她將信疊好放回了精緻的蛇皮包裡。從包裡抽出一支細長的摩爾煙，點燃後，她昂起臉，長長地吐了一股濃濃的煙霧。

窗外，雲霧漸漸散去，一縷陽光從藍天中射出了萬道金光……

未婚妻大逃亡

「我不想活了，我想臥軌自殺！」一九九九年耶誕節前的一個深夜，我在睡夢中被電話鈴吵醒，接過電話，聽到一個熟悉的聲音，一時想不起他是誰？

對方急促地問：「林惠子在嗎？」

原來是他？我又驚又喜，「你怎麼知道我家的電話號碼？」

他說：「原來你在柿木的電話不通了，我費了好大勁找到你妹妹的電話，從她那裡打聽到上海的電話號碼。」聽他氣急喘喘的聲音，我心想：一定出了什麼大事。

「我真的不想活了，在日本就是這樣的不順利！」

我大吃一驚：「你千萬不能自殺！」

我不由想起來三年前的事，一天在夜裡，我接到一個電話，對方焦急地問：「老陳在不在家？」

我說：「他到上海出差去了。」他很焦慮地問：「他什麼時候回來？」

我說：「一個月以後。」

他在電話中沉默了一會，無奈地說：「我有些事想找他談談。」

聽口氣好像遇上到麻煩事，在東京留學，每個留學生都會遇到許多意想不到的困難，對朋友說說心裡話，心情會舒暢些。

於是我對他說：「如果你有什麼事需要我幫忙，可以過來。」

他也住在板橋，十分鐘後就到了，開門一看，是一位很精神，幹練的小夥子。他自我介紹，我叫李某某，北京藝術學院畢業，學的是攝影專業。

他說：「我和北京女友住一起有兩年，相處很好。她比我小十幾歲，我在各方面照顧她。在我回北京去時，她到機場送我，還含著淚揮手告別。我說，等我回來後，我們就結婚，她也同意了。

沒想到我一個禮拜後從北京回到東京，推開房門一看，不由大吃一驚！女友把自己的東西全都搬走了，只留下我送給她的一些小禮物。

我頓時目瞪口呆，不知所措。幾天幾夜，我發瘋的到處找她，親朋好友也不知她的去向，連打工的老闆也不知她去了哪裡。我焦急萬分，是不是出什麼事了？怎麼可能分別一個禮拜就不辭而別了呢？是不是被人拐走了？

幾天後，她的一位好友看我很痛苦，告訴我說她和剛認識不久的北京小夥子住在一起了。這位北京小夥子是我的好友，那天他也去機場送我，怎麼會這麼快就住在一起了？我感到驚異：他怎麼能奪人之愛呢，那麼不講情義？正是不可思議。

我百思不解，一個人坐在空蕩蕩的小房間裡，眼前浮現出女友在成田機場送我時脈脈含情的神態，怎麼人的感情變得那麼快？

過了一個星期，她終於來電話了：『我已經和他同居在一起了，對不起，我必須離開你，不能和你生活在一起。』

我急忙問：『為什麼』

她冷靜地說：『你對我管得太緊了。』

我懇求道：『我們是否能談談？』

她斬釘截鐵的回答我：沒有必要了。說完她就掛了電話。」

原來那天在成田機場，他們倆人送走了李某，兩人一起到了咖啡館，談得很投機，談到半夜三更，感到相見恨晚；一個禮拜後，他們就搬到一起同居了。

他說：「真是不可思議！我並不是一定要和她結婚，她可以和我解釋，我是一個講道理的人。那天我騎著摩托車，終於找到她了。她完全沒有往日的感情，冷冷的說：『不要來找我了，很感謝你對我兩年來的照顧，可我絕對不會和你回去的。』」

李某眼眶裡含著淚水對她說：「我實在想不通，我到底做錯了什麼？」

那天我們談了三個小時，我很同情他的遭遇，我勸道：「這樣的事在東京很多，既然她無情，你也不必太癡情。」

他對我說：「我們馬上要結婚了，我對她是管得有些緊。她喜歡買衣服，我說，我們兩人都要上學交學費，要節約一點，也許在物資方面我不能滿足她。」

我說：「女孩子是很喜歡打扮，她們還很年輕，你們年齡相差很大，各方面存在著很大的差距，所以無法溝通，這是導致你們分手的原因。」

他不止一次的對我說：「什麼時候我把我的戀愛故事詳細告訴你，你就寫我吧。」

後來根據他的事，我寫了紀實短文《留日男士的悲哀》寫的是在日留學姑娘對愛情的現實觀。

後來我和他成了好朋友，他告訴我說，原來一個單位的紅顏知己蓋某，如今已是中國的電影著名影星了，他回北京曾找過她，可是她很忙，一直在外面拍戲，沒有見到面。

他是一位熱心、講義氣能幹的朋友，在我搬家時，他特意請了假，借了車將我的行李從板橋送到目黑。

不久，他又找到了一位日本女友，女友對他很滿意，因為他多才多藝，會攝影、寫劇本，兩人很合得來；可是女友父母不同意，最後只好分手了。

他的愛情總是那麼不如意，我為他感到惋惜，也曾想給他介紹女友，一直沒有合適的。

從我對他多年的接觸中發現，他對朋友很熱情、真誠，沒有一點心計；但是對愛情很專注，年過四十歲，好像有點單純。

當我把他的愛情遭遇說給一位寫劇本的朋友聽，心想他一定會很同情他，不料他付之一笑：「他真是個大傻蛋！」

「你怎麼這樣說？」我有些生氣的問他。

「他不是單純，腦子有點不正常！是心理有問題。」

我感到驚訝，我沒有仔細的學過心理學，有些不可理解的事情，真的要用心理學來解釋。

後來，這位朋友幾乎每天給我來電話，訴說內心的痛苦。他在東京的工資每月只有二十萬元，他說，現在一個月的電話費化了五萬元，沒有什麼。如果沒有你開導我，真的不知道自己會幹什麼？有時想，騎著摩托車一下子就撞到什麼地方去算了！

有一段時間，他經常回北京出差，我也回上海聯繫電視劇的事，我們已經有好幾年沒有聯繫了。

那天當我聽說，他想自殺，我知道他的女朋友又出事了。

果然不錯，他萬分懊喪地說：「我的未婚妻又跑了。」

「你怎麼搞的，未婚妻又跑了？」我不由責怪他。

他在國際電話裡滔滔不絕地說了起來：「她和一個日本人跑走了，這個日本男人並不好，還比她大十多歲。」

我說：「你的女朋友多大？」

「她二十六歲。」

我不由責備他：「你總找比你小十幾歲的姑娘？你們之間會有很大的差距。男人都喜歡年輕的姑娘，以你現在的條件來講，沒有優勢能管住她們。」

他急匆匆地說：「現在這個日本人，快四十多歲了，還是一般公務員，長得也不怎麼樣。她說，一定要跟他，現在他們已經同居了。」

我不由好奇地問：「你怎麼搞的？同居兩年的未婚妻，又被日本人搶走了？是不是你又管得她很緊。」

他沮喪地說：「沒有，我們已經在談結婚的事了。她和那個男人以前就認識，也經常在外邊玩。」

我無奈地問：「我能幫你什麼忙？」

他說：「你在東京就好了，可以找她談談。」

我心想，婚姻大事，旁觀者很難插，為什麼他的未婚妻都在結婚前突然離開了他？看來問題出在他身上。

「我不在東京，也不能幫你的忙。」

「那麼請你在上海幫幫我的忙，你到她家去和她母親談談。」聽了他的話，覺得他思維有些問題。

未婚妻在東京你都管不住，叫我在上海找她母親去說服她？相隔千山萬水，母親怎麼能管得住女兒呢，這未免太荒唐了。

他說：「我去過上海，她母親挺喜歡我的；讓她母親勸勸她，讓她回來。」

我想，即使她母親認為你很好，母親一個電話也不可能使女兒回心轉意，因為她不是孩子。

我說：「這不妥當，我是外人，你自己打電話說吧，最好找她再談一次。」

他想了想，給了我上海朋友家的電話號碼，他說：「你們倆一起去，幫我想想辦法，好不好？現在只有一個辦法，找她母親談。」

看他很著急，我只好答應：「好吧……」放下電話，有些困惑，堂堂中國高等學府畢業，會攝影、會寫劇本，又能幹的小夥子，怎麼接連幾次未婚妻都跑掉，到底是什麼原因呢？

第二天，我給他上海的同學打了電話，電話裡一時說不清楚，於是我到了他公司。

他朋友對我說：「他一個月之前就給我來過電話，一個月電話費花了十萬日元，這個月花了六萬。他控制不了自己，有時剛放下電話，沒過多久又來電話了，滔滔不絕沒完沒了的說。我只好聽他說，讓他發洩，也許心情會好一點。」

我說：「他讓我們倆去他女朋友家。」

他朋友說：「他說，他受不了，想自殺。」

聽了這句話，我腦子「嗡」地一下，也許他真的要自殺，無論如何我們要救他一命。

我對他同學說：「他在國外時間長了，感到壓抑，是不是有些心理障礙？想辦法把他穩住，讓他到上海來接受一下心理治療。」

他對我說：「是的，我愛人也說，讓他來上海放鬆一下情緒。我覺得他人很好，很正直，所以我們交了朋友。」

我試探道：「他是不是有點焦慮症？」

他沉思了一下說：「好像是有的不太正常？我去年回東京，找過他女友，他們一度分開過，他未婚妻告訴我說：『他管得我太緊了，我在外邊和朋友玩，他會不斷地打電話問我在哪裡？我說在女友家，他不相信，還叫她女友咳嗽一下。』」

聽了他的話，我突然醒悟：「從這個來細節判斷，他具有強烈的佔有欲。只要未婚妻不在身邊，他就受不了，這是一種心理障礙。」

同學說：「我一度勸過他女友，她說，我實在受不了他這樣管住我，一點自由也沒有；這種愛使我感到窒息、痛苦，我必須離開他！」

同學說：「這次我勸他說，你在日本辛苦了十幾年，突然死了，想想你父母會多麼傷心？你在日本省吃儉用攢了那麼多錢給誰？」

我說：「日本也有心理治療所，找心理醫生看看，會好的。」

同學說：「我曾過勸他回國發展，在日本呆下去沒有什麼前途。他一直在一家小貿易公司工作，工資不高。房費七萬，再給女友花點錢，也攢不了多少錢，人越呆越傻。我是前幾年就回來了，找了這家日本公司，現在是公司主管。」

他的名片上醒目地印著：某某公司主管。公司是日本駐上海的大公司，最近在搞一個高科技專案，由他籌辦主管。

他說：「在東京留學是很壓抑，也沒有很大前途。回國後很自由，我　買了兩套舒適的三室一廳。」

我說：「他以前的一位知己，現在成了中國著名影星。每次我將蓋某某的最新消息告訴他時，他感到很欣慰，不免有一絲失落；我也勸他回北京發展，他說現在還有工作，再幹幾年吧。」

當天夜裡，我又接到他的電話，既然是朋友，幫人幫到底。如果我們沒有盡到責任，他真的死了，以後我們會內疚的。

於是我告訴他，一位東京大姐的電話，她是知名畫家；你有什麼事實在想不開，直接去找她。」

他高興極了：「好的，謝謝你。」

我說：「趕緊再找個女朋友吧，轉移一下感情，千萬不要想不開！人生還有許多快樂，有那麼多好朋友在關心你，」他彷彿領悟了許多，語氣也變得開朗多了。

沒想到，第三天，東京大姐來電話，開門見山就問我：「你那位朋友怎麼了？他是誰呀？」

我說：「他是我一位朋友，曾經幫助過我。他失戀了想自殺，你幫幫他吧，救人一命，勝過七級浮屠。」

「因為他說起你，我才聽電話，他是不是有病？打了兩個小時電話，沒完沒了的說。」

我說：「好像有點憂鬱症，救他一命吧。」

大姐聽我這麼一說，不吱聲了：「好吧，看在你面子上，」

以後，李某再也沒有給我來過電話，也沒有給上海的同學來電話。

我想，一定在大姐的開導下平靜下來了，肯定不會自殺了。

兩個月後，我回到東京，到了大姐家。

大姐一見我有些生氣地說：「你這位朋友真的有病，到我家來，沒完沒了說了一天。」

我不好意思的說：「在東京的留學生都是這樣的，大家感到孤獨，沒人傾訴，你就聽他說說吧，最近他怎麼樣？」

她說：「不知道，沒來電話。」

當天夜裡，我給他打了電話，他沒在家。後來終於打通了，他聽我回來，非常高興。

我開玩笑地問：「你還活著？」

他笑了起來：「是的。」

我問：「是誰救了你？」

他馬上說：「是你。」

我開玩笑的對他說：「省下了你十幾萬日元的電話，就請我吃飯吧。如果你自殺了，你的錢給誰花？」

他爽快地說：「好的，我一定請客。」

「最近情緒穩定了？」

「穩定了，又找了一個女朋友，我還有事要找你商量。」

我不由失聲叫道：「你找女朋友的速度真快！怎麼又發生危機了。」

他說：「是的，當時聽你話，轉移情緒，所以就馬上找了一位福建姑娘。」

我說：「現在怎麼樣？」

「女朋友三十二歲，來東京三年了，我們認識才三個月，她就住在我這裡。以前她是和日本人假結婚的，現在離了婚沒有簽證，就要回上海了。她說，要和我馬上結婚，就可以有簽證了。我不是很瞭解她，怎麼能這樣快結婚？我叫她先回老家，過半年後再結婚。她不同意，說我對她不真心，前幾天她突然走了……」

他那麼快就有女朋友，而且又是這樣不靠譜！找女朋友好像是他在日本的救命稻草。他真的有心理問題？如果這個問題不解除，女友不斷的「大逃亡」，他想不開，又要自殺了！

我考慮，和他見一面，好好談談；雖然我不是心理醫生，多開導會對他有幫助。

我們在新宿的一家飯店見了面，他請我吃飯，還送了我一副漂亮的皮手套，那天他的心情很好。

我告訴他，以後一定要控制自己的情緒，千萬不要將女朋友當作自己的私人財產，管制她們。當然我也坦言，你是否有一點心理上的疾病？這個疾病叫：控制欲！

他倒沒有生氣，沉思了一會，笑著說，好像是有點。

我說，有空回北京去看心理醫生，要麼就自我控制！

在異國他鄉真的很寂寞、孤獨。幾年前，大家念語言學校，都是中國人，有時間可以在課堂上說笑，聊天；現在有能力的中國人到了日本公司上班，還在拚命工作，沒有時間聚會，閒聊；熟悉的好朋友一年也難得見一面。公司裡的日本同事不會和中國人聊天，訴說情懷，下了班各自回家。

雖說日本人也寂寞，他們可以每天到酒店痛飲一番，緩解工作上的勞累和人生煩惱。在職的中國人沒有很多錢去酒店消費，只好回倒冷清而狹小的家裡。

他對我的分析連連點頭，他說，現在周圍沒有一個說得來的中國人。黑戶口的人偷偷打工，掙了錢趕緊回家；在日本公司上班的朋友，都有了小家庭，哪像我還是獨身一人，到了家，晚上太漫長了！

他說，真想每個星期和你見面，和你談談，心情好多了，你們作家也是心理學家。

那天我們聊了很長時間，我說，當年我也有過一段寂寞的時候，一次和國內的朋友打了一個小時的國際電話。

搞新聞的朋友勸我說：你在東京，只要努力，可以掙到錢，有房子住、有牛奶，麵包吃；在國內，我周圍很多人都下崗了，找不到工作，掙不到錢；有的沒有房子，幾代人住在一個房間裡，你現在可以為改變自己的命運而奮鬥，而我們呢？沒有方向，一時找不到出路！

朋友的勸說，使我茅塞頓開！所以我理解眼前朋友的困惑。

分手後，大家都忙各自的工作，幾年沒有見面了。

有一年，他來上海，送來了結婚的請貼。不巧，那天正好有採訪任務沒能去。

後來他被派到了北京做公司駐在員，和家人在一起心情好多了。

他告訴我說，新娘是一位年輕的中國姑娘，現在有了孩子，生活穩定了，感謝你當年對我的心理疏導，有空來北京請你吃大餐。

當天晚上，想起來他曾經說過：寫我的愛情故事吧，於是我寫下了這篇文章。

過去十年了，我也沒有機會去北京；他出差來上海，在他同學家聚會了一次。

他說，已經離開了日本，回到了北京，現在在一家知名的中日協會工作做日本翻譯，這次婚姻還很滿意，孩子都已經上學了。

女畫家的婚戀

這部紀實文學《櫻花樹下的中國新娘》在九二年就動筆寫了，由於涉及到一些朋友的隱私，不得不把有的文章撤了下來，書也沒有出版。

九九年底回到東京，想再採訪幾位嫁到東京的中國新娘，我想不會太困難吧。

事隔七、八年了，在日本的中國新娘一定有了很大的變化，希望能採訪到生活幸福、事業成功的中國新娘故事，然而來到東京後很失望，一時很難找到成功者的線索。

在《華人報》上連續看到幾篇中國新娘的大特寫。有的是丈夫生了病，自己不懂日語，獨自在家歎息；有的受到家人的歧視，日子比前幾年嫁給日本人的中國新娘還要艱難。

因為以前嫁給日本人的中國姑娘因為簽證到期了，找了日本人可以解決簽證問題，她們在語言學校學過日語，知道日本人的風俗習慣，還有同學、朋友幫忙出主意，所以都比較有主見。

而後來的中國新娘，大多數是通過日本的婚姻介紹所來到日本的，她們不懂日語，沒有一定的人脈關係，所以到了日本，發現現實生活與自己期待的完全不一樣，她們感到一籌莫展。

好不容易看到一篇上海新娘寫的《誇誇我的好婆婆》她結婚後和婆婆共同生活了六年，初到日本她不瞭解日本的風俗，婆婆關照她要入鄉隨俗。

在她生孩子時，婆婆照顧她坐月子、洗衣服、端湯送水；連新娘的母親都說：「你婆婆對你這樣關照，在中國也是少見的。」

當我決定採訪時，主人公回上海了，要四月分才能回來。由於不知道她在上海的位址，只好忍痛割愛這個好題材。

我找到這家報紙的記者，她告訴我說，嫁到日本來的中國新娘好的不多。她認識一位比較好的新娘，這位新娘的中國丈夫因病去世後，她帶著孩子嫁到日本。現在的日本丈夫對她很好，他們共同努力開了一家小商店。

可是除了報社的記者，新娘不願意接受任何人的採訪，一是怕麻煩，二是沒有時間。無奈，只好繼續再尋找線索。

一位好友熱情的給我介紹，她的朋友也是帶著孩子嫁到東京來的，丈夫對她不錯，可是她在電話中說，要問問丈夫才行。

在東京十年，我第一次感到採訪那麼困難，也許她們認為我是中國來的記者，對我心存警戒。

以前我融合在留學生的生活中，無論是採訪留學生還是日本人，我都信手拈來、得心應手，因為都是發生在我周圍的事，有時不用採訪，大家會像講故事一樣說給你聽。

這幾年來，我半年以上在上海寫小說，沒有時間寫新聞，所以也沒有新線索，於是我開始翻了以前的名片本找線索。

有了，楊君她來日本前，是北京燕京書畫社的專業畫家，北京工筆重彩畫會會員，她的畢業作品還在中國美術館以優秀作品展覽過。她的畫既繼承傳統性而又有新的突破，曾多次參加國內外畫展並獲獎，是一位很有前途的工筆畫家。

我是在日中會館看畫展時認識她，她出生在河北省著名的雕刻藝術之鄉，自幼酷愛中國傳統繪畫。父親是中國有名的雕塑家，雕刻藝術造詣很深，這對她從事繪畫事業產生了根本的影響。

當時她拿出拍好的照相畫冊給我看，她的畫確實很有功底，尤其是工筆劃的佛像。十歲時她跟著父親學畫畫，二十歲拜中國有名的工筆人物女畫家王淑暉先生，淑暉先生的名作有《西廂記》、《梁祝》、《王昭君》等。以後又拜著名人物畫家劉凌倉、中國畫壇巨匠梅花畫第一人王成喜為師。

以前我們經常打電話，她還送給我一幅精心畫的工筆劃佛像。

每次我到東京都打電話鼓勵她，千萬不要把專業扔掉，一定要堅持下去，要在東京出畫冊、辦展覽，爭取成為在日本有名的中國女畫家，為此她很感動，我們也成了好朋友。

我和她通了電話，當我把這次回來採訪碰到的困難對她說了，她馬上熱情地說：「我能幫你什麼忙嗎？」

我高興地說：「想採訪你是否行?你婚後的生活怎麼樣？」

她直率地說：「我生活很好，丈夫很支持我畫畫。」

她說：「我抽空和你見面。」她願意接受我的採訪，老天不負有心人！回東京一個月總算找到一位採訪者。

星期天，我們約好在池袋見面，她和丈夫、孩子一起來的。

事前，她沒有告訴我丈夫也一起來，一般日本人忌諱記者的採訪，能和她丈夫聊聊，會有更豐富的內容。

小楊看上去有點憔悴，三年前她看起來像大學生，很有朝氣。

她說：「今天是星期天，帶孩子出來玩玩，順便來看看在這裡剛開店的北京朋友。「這是我的丈夫。」她丈夫站在一邊，有些拘謹，客氣地點點頭。他穿得很簡樸，日本男人在休息日都喜歡脫下西裝，換上便服。

她一邊走一邊說：「前幾年孩子小，不能放托兒所，我只好整天在家帶孩子。現在孩子大了，放在托兒所，我有時間可以在家畫畫了。我叫家裡寄些中國畫冊作參考，前幾年不大畫了，有些生疏了。」

我帶來兩本畫冊送給她：「這是在日本定居的愛新覺羅．白雪的畫冊；她三歲學畫，現在是書畫界的元老，你們都是北京人，有空可以去她那裡聊聊。另一本是劉海粟的關門弟子張省新出的畫冊，他現在是中國著名的中青年畫家。

小楊看了畫冊後，萬分驚喜地說：「太好了，我就需要這樣的畫冊。現在中國美術界變化很大，我要以傳統的中國畫為主，融合日本的現代畫，走出一條自己獨特的路。」

我也很高興：「我送對人了，如果送給別人，也許也沒有用。白雪的字很有特色，她自幼學書法，自成一體；張省的彩色潑墨山水畫很新穎，別具一格。」

我們來到小楊女友開的一家朝鮮燒肉店裡坐下來聊天。

她丈夫老實、憨厚，像日本普通公務員，他不多言，由於孩子吵鬧著要出去坐電梯去玩，他帶著孩子出去了。

小楊熱情地送我一袋日本年糕和紅糖，她說：「日本人過年也喜歡吃年糕，象徵著『年年高』，這是日本人的習慣。」

小楊說起了她來日本的經過：「我老師王成喜來日本十幾次，他與日本前首相中曾根康弘是好友，他的畫現在懸掛在日本眾議院貴賓廳裡。由於是王教授的關係，我九二年到了日本，來日本後，王教授介紹我認識了現在的丈夫。他家族和現在的皇太后是親戚，我覺得他人很好，是搞設計工作的，有知識，又瞭解中國文化。通過一段接觸、相互滿意，我們就結婚了。」

我想，這樣的婚姻有一定的感情基礎，所以一定會很美滿的。

這時，正好她愛人領著孩子進來，她滿意地看了丈夫一眼繼續說：「每次辦畫展，都是他開著車將畫送到展覽館，還買了許多專業書給我看，他希望我多參加一些畫展。他現在也很忙，準備參加電氣主任資格考試。我們倆沒有什麼根本衝突，也不大爭論，到了晚上，他看專業他的書，我看我的美術書。」

小楊對我說：「丈夫每個月給我十五萬生活費，我可以不打工，在家帶孩子。最近我開始練筆，我的寫意人物畫很受日本人的歡迎。」

我建議說：「你的中國仕女畫，畫得很好，可是在中國畫這類工筆劃的人很多，你應該揚長避短，吸收日本傳統的文化，畫一些日本浮世繪或日本古代仕女畫，走一條中日壁合的路。」

她說：「是的，日本喜歡大寫意的畫。上次畫展，仕女工筆劃沒有人買，而幾幅寫意畫深得參觀者的喜愛，賣出去了好幾幅。」

她拿出一張照片給我看，這是一幅觀音圖。觀音像是工筆劃，而周圍是大寫意的雲彩和菩提樹，整個畫面顯得靈空、飄逸，這是一副工筆和寫意相給合的畫。

雖然小楊還不是一位很出名的中國畫家，但是她正朝著這條路在努力，我相信她一定會成功的。

我們一邊喝著茶，一邊隨便談著，她滿意地看了一眼丈夫說：「我丈夫業餘時間研究《相對論》達二十餘年。」

我感到很驚奇，他是搞設計的，怎麼會研究這麼複雜的理論？

於是我問她丈夫：「你怎麼研究這樣複雜的物理理論？」

說起這個話題，他來了興趣，笑著說：「二十年前，我二十多歲，搞電器工作。我看了許多關於電器理論的文章，漸漸地就對《相對論》感興趣，於是我寫了關於《相對論》理論的論文。每次寫完就放起來，過段時間再拿出來修改，以後想拿出去發表。」

我們正說著，孩子鬧著要出去玩。

小楊對丈夫說：「我們再談半個小時，你帶他到對面的電子遊戲房去玩吧。」

她丈夫馬上站起來領著孩子出去了，我對她說：「你丈夫很聽你的話，他脾氣一定很好。一般日本丈夫不會同意接受採訪，更不會陪你一起來。你們沒有什麼文化衝突，他也很支持你的事業，你的生活也安定、幸福。」

她笑著說：「是的。因為我是到了日本後才結婚的，我們彼此都很瞭解；我剛開始在京都學習，後來到了東京。」

我又問道：「你們之間有什麼矛盾嗎？」

她想了想，很坦率地告訴我：「其他方面都可以，彼此能理解、謙讓。只是在夫妻生活方面，我比較冷淡，我們有些不太融洽。」

我說：「日本男人在這方面需求比較強，中國女人由於文化和教育的問題，相對來說，不會像日本女人一樣放開，看來要學習的還很多！」

她點點頭笑著說：「是的。中國女人在這方面比較保守，可能和我們從小受的教育有關。」

聽了她的話，我不由沉思起來，小楊是來到日本後談的戀愛，她懂日語，能夠和日本人交流，瞭解日本的生活、文化。

而後來的中國新娘，一不會語言，二不懂日本文化，在上海經過國際婚姻介紹所認識日本男人後，以為對方很親切，很有錢就草率結了婚。

到了東京後，現實與想像相差太遠，原來男方是在農村種地的，有的日本人好嗜酒，也不是腰纏萬貫的富翁。

有一位來日本男人到中國相親，故意擺闊氣，住在旅館裡，將昨天新換的內衣、內褲都扔掉。姑娘看到後，以為他非常有錢；可是嫁到日本後才知道他就是一位普通的工匠。

小楊對我說：「其實嫁來日本的中國新娘生活都不太好。我的一位朋友，三姐妹的婚姻都不順利。兩個姐妹嫁到日本來，後果非常慘。姐姐來到東京後，丈夫有外遇，她得知後大發雷霆，暴跳如雷，結果氣得大吐血，到醫院搶救後，由於血已經衝到腦中，腦缺氧而失去知覺，現在大腦出了毛病，人癡呆了，後來和丈夫離了婚，回到了中國。」

沒有在日本念過書的姑娘，她們不瞭解日本男人雖然拚命工作，到了晚上，他們喜歡喝酒，喜歡外遇。日本女人對丈夫的外遇是忍耐的，而中國姑娘就會大發雷霆，以為這樣能使丈夫回心轉意，事實恰恰相反。

她繼續說：「她妹妹，雖然生了兩個孩子，可是老公酗酒後就打她，她不得不離開他搬出來住。現在一個人帶著兩個孩子住在日本母子寮裡。她想離婚，丈夫說他需要一個孩子，可是她捨不得給他。雖然日本福利很好，每月還補助八萬日元的生活費，可是三個人只有八萬生活費是艱難的。她身體不好也不能出去工作，朋友勸她將一個孩子給丈夫撫養，自己帶一個孩子重新找人，倔強的北方姑娘怎麼也不同意，情願帶著孩子守在母子寮裡，默默地忍受著。」

她感慨地說：「當時我在京都時，她給了我很多的照顧，現在看她這樣，心裡很難過。我經常打電話安慰她，有時寄點東西去。我也沒有更多能力幫助她，看到她這樣的生活，我覺得自己現在真的很安定、幸福。」

不一會丈夫帶著孩子回來了，孩子又來纏著母親，要母親帶他出去玩。

她說：「這幾年是我帶著孩子的，所以現在他喜歡纏著我。」

我問她：「能否想再生個孩子？」

她連忙說：「一個孩子就夠我嗆了；等孩子大一點，我一定把全部精力用在書畫上。」兩個多小時的採訪，使我得到了意外而真實的故事。

當我們的採訪結束了，丈夫熱情地對我說：「以後來我家裡玩。」

我也想看看他寫的與眾不同的論文。

在此感謝小楊和她丈夫的支持，也衷心地祝願她能走向成功！

感到遺憾的是，那天送我的一副工筆劃佛像，我坐車回來，由於疲勞在車上睡著了；到了車站匆匆下去，竟忘了拿了，我一直很後悔。

我們已經十幾年沒有見面了，我一直來回於上海、東京之間採訪，有些忙。

以後去日本一定要去看看她，不知道她是否還住在原來的地方？

異國戀情

這是七〇年代的一個新年，日本每家都在忙著用松柏、菊花、青竹編成除夕吉祥圖，掛在大院內，迎接神靈降福；屋裡供臺上放著葫蘆形的糯米糕，象徵著家人團聚，蒸蒸日上。孩子們穿著嶄新的西裝短褲，興奮地玩著棒球，放著風箏。

大年初一中午，大街上沒什麼行人，人們去參拜神社或圍坐在家中吃團圓飯。

在東京郊外一座小別墅裡，突然聽到兩聲槍聲，傭人疾步跑進臥室，不由瞠目結舌，半天沒喘過氣來：只見他們的主人，一對三十多歲的夫妻雙雙自殺了，血流滿地……

「媽媽！」三歲的孩子從樓下衝了下來，雙手搖晃著父母，哭喊著：「媽媽，爸爸！」美麗、善良的母親再也不會睜開眼看一看可愛的兒子，她平靜的和丈夫一起去了。她是個典型的日本婦女，因為丈夫破產了，祖上傳的在東京很有名氣的醬油工廠破產了。

從此，才三歲孩子成了孤兒，他失去了一切，苦難的命運將等待著他……

藤野被親戚領到叔叔家中，過著寄人籬下的生活。他生性倔強好勝，受了氣常常一個人跑出叔叔家，耶誕節夜晚，蹲在車站的角落裡，羨慕地看著別人的父母領著孩子，捧著一包包聖誕禮物高高興興地回家。

他含著淚，咬著嘴唇，用髒髒的小手擦去眼角邊的淚水。他沒有父母的溫暖，有的是冷眼、謾罵、苦難和逃避。

他什麼累活、髒活都幹過，在艱苦的環境，他磨練了奮發、好勝的性格。在學校裡，他的成績優秀出眾，後來考上了日本東京大學經濟系。東大是日本有名的大學，出來的學生很多在日本的政治界，藤野的許多同學後來都在日本各政界身居要職。

而他繼承了父親做生意的遺傳，在大學裡一邊學習，一邊當臨時工，把掙來的三百萬日元放高利貸借給人家。幾年後，他有了一筆可觀的資本，用這筆錢辦了一個家不動產小公司。

七〇年代是日本地產飛漲的年代，他看中了有利可圖的土地買賣和房屋出租。十幾年來，藤野靠著政界一批老朋友的幫助和銀行的貸款，買了將來要開發的郊區土地，蓋了樓房，再賣給客戶，他轉手又掙了幾個億日元，成為日本的富裕階層。

他經常出入六本木、銀座的高級會所，由於他的才華和投資手段，他成了東京有名的大老闆……事業上，藤野很成功，但是在婚姻上，他很失敗，第一次與妻子離婚，給了妻子很多財產。在妻子離婚後的十幾年，日本經濟飛速發展，他投資了第三產業，飲食業，他又發跡了，又有了幾億日元的固定資產。

錢有了，可以盡情享受，去高級酒店、溫泉、妓院、周旋於各種社交場所，旅遊世界名勝之地。可是現在人到中年，白天在公司忙忙碌碌，到了夜晚，閃爍的霓虹燈，香檳、美女，怎麼也使他提不起勁，感到有些無聊。

喝得醉醺醺回到家時，孤獨感油然而生：我還是很孤獨，沒有姐妹，沒有父母，最近他常常這樣想。什麼時候能有一位心愛的妻子，等著自己回來，做好自己愛吃的料理，再斟上一杯日本清酒，享受天倫之樂。

看來不太可能，他苦笑著獨自搖搖頭，酒店裡相處了十幾年的老相好，就是看中他的錢，才對他大獻殷勤，賣弄風騷，在她們溫柔的微笑下是一顆冰冷的心。

茫茫人海中，去哪裡找心愛的人呢？難道後輩子就這樣孑然一身嗎？藤野感到很茫然。

這天，他百般無聊地來到赤羽一家會員制酒店，幾個月沒來了，因為這家店不太熱鬧，沒有風趣、漂亮的姑娘，今天怎麼闖到這裡來了。

今天店裡怎麼熱鬧非凡？老闆娘又招聘了新的小姐了，當他剛坐到沙發上，聽到一位姑娘，說著不太清純的日語，是個中國姑娘？

他又聽到一陣哄笑，那位姑娘風趣的話，引起了客人笑得前仰後合。藤野回頭望去，姑娘轉身回眸一笑。噢，那雙眸子撩人心肺，勾人魂魄，頓時他被迷上了，不由對姑娘獻上殷勤的微笑。

幾十年來，他去過數不清的風流場所，見過不少有姿色的女人。在情場上，他是個風流男子，他的才能，甜言蜜語，可觀的財產吸引了不少日本美貌女子；然而，第一次婚姻失敗，他變得老練了，絕不輕易結婚；偶而遇見喜愛的女人，去情人旅館過一夜風流。

以前有兩位情人，為他生了兩個孩子，每月貼幾十萬生活費給她們，他並不想結婚。

「來，介紹一下，這是藤野先生。」老闆娘領著那位中國姑娘笑盈盈地走到他面前。

「初次見面，我叫智子，請多關照。」那姑娘看上去三十歲左右，很有姿色和風韻，尤其是那雙會說話的眼睛，看得藤野有些神魂顛倒。

「請坐。」藤野很紳士地指著前面的沙發說。

「謝謝。」她眼睛含著淡淡的笑意，彼此剛認識，都要使用敬語，顯得都有些拘束。

「你在中國什麼地方？」

「上海。」姑娘一邊倒酒一邊回答，她翹著蘭花手指，動作很美、很柔。

「上海以前比東京還熱鬧，那裡有許多國外的建築群。」

「是啊，你去過上海？」智子聽他說到上海，不由興奮起來。

三杯威士忌喝下去，話多了起來，也有些隨便了，「你很年輕，看起來……」他試探道。

「二十六歲。」智子將自己的年齡瞞了五歲。

「噢，那還是獨身吧？」他又試探道。

「沒結婚，」智子毫不猶豫的說。其實智子早已結了婚，孩子也上小學了。

日本男子在酒吧，喜歡沒有結過婚的姑娘，如果對方結了婚，會有些尷尬和顧忌。所以結了婚的中國姑娘，沒有一個說自己結過婚的。

酒場是逢場作戲的舞臺，每天化好妝，花枝招展，匆匆走上舞臺，演完了兩個小時的劇，卸了妝還本來面貌。第二天，穿著牛仔褲去語言學校，誰也不說自己在酒店工作；大家心照不宣，彼此，彼此，這就是生活。

智子來日本兩年了，她的日語說得還是很流暢，能說許多俏皮話，逗得藤野捧腹大笑。今天他覺得特別開心，忘記了孤獨與寂寞。

第一天很晚才離開酒店，第二天他又來了。老闆娘知道他是為了智子而來的，這位十年前有錢的常客現在又來了，心裡好生歡喜，絕不能讓這個「財神爺」再跑掉！老闆娘馬上叫智子坐在藤野旁邊。

智子是個很能討男人歡心的女人，她的口才和那對迷人的雙眸常常使寂寞的日本男人留連忘返。有時，她偶爾請假一天，常客踏進門就走了；有的事先打電話來，如果智子在，他們馬上就過來。

在這群常客中，智子看出藤野雖然不是西裝革履，隨便穿了一件茄克衫，但是他出手很大方，每次來天他要花幾萬日元。

那天晚上，藤野一直等到智子下班，他們一起走出店。三月的春風充滿了醉意，春風醉，人也醉，藤野彷彿遇見了知音，這位異國姑娘與眾不同的風韻，有趣的談吐和迷人的雙目，使他覺得自己又年輕了，有朝氣！

他們倆吃了日本料理，藤野開車送智子回家。

智子住在池袋，這是一間簡陋的木結構平房，只有留學生和日本貧困的人才住這樣沒有浴室的房子。智子每天上午去語言學校學習，晚上六點到赤羽的酒店幹到十二點，又去另一家酒店幹到清晨兩點。

智子對他說，付了學費房費和生活費，還想掙一點錢回去；因為她出國時，把工作辭了，回國後沒有工作，沒有醫療保險。

智子站在門前，叫藤野回去；他站在昏暗的路燈下，不知怎麼，一股憐憫之情油然而生：

她才二十六歲，離開了父母，來到異國他鄉，多不容易……

他看到在酒店裡談笑風生的智子，住在搖搖欲墜、昭和初年建的木板房裡，不知是同病象憐，還是愛憐之心，心裡有些難過；他想起了自己過去寄人籬下的生活……

「你一直住在這裡？」藤野問智子。

「是的，房費便宜。」此時，智子的眼中沒有笑意，目光掠過一絲悲哀。

她強擠出一點笑容，「你回去吧，太晚了，隔壁臺灣留學生要說話的。」

「好，你上樓吧，我就回去了。」藤野知道日本的規矩，一個女子半夜陪著陌生男子在樓下，有失身分。

他目送智子走上窄小的、發出吱呀聲響的樓梯，此時，他的眼睛有些濕潤。

連續幾天，智子沒來上班，老闆娘說她病了。

藤野聽了非常著急，智子家又沒電話，急得他幾天沒睡好覺，眼前盡浮現出智子明亮而含情的雙眸。

我要去看她，那天夜裡，他在智子的店裡心不在焉地喝完了酒，叫了一輛計程車，開到智子住宅。

藤野輕輕地敲著門，裡面沒動靜，他又輕輕敲了兩下。

「誰呀——」智子從睡夢中驚醒。

「我，藤野。」他湊著門低聲回答。

「……」好半天，智子才膽怯地拉開門，「是你啊，那麼晚了？」

「不好意思，半夜打攪你；你病了，我很擔心，你這裡又沒電話。」

「進來，快進來。」智子連忙將藤野引進屋。

房間很小，只有一張梳妝檯，一個小方台和合成革的小掛櫥。

「你怎麼啦？」他關切地問道。

「水土不服，臉上都發紅塊。」智子原來白皙的面龐，由於皮膚過敏，長滿了一個個紅色的疙瘩。

「要去醫院看的，這樣不行。」

「我沒有醫療保險，在日本看醫生很貴的，吃一些從上海帶來的牛黄解毒丸就可以了。」智子苦笑著，不由自主地撫摸著臉。

「不要碰，要感染的。明天我帶你去東京有名的皮膚科醫院看，好嗎？」他心疼地望著智子。

「謝謝，這麼晚你還來看我。」她已經整整躺了二天了，沒有一個人來看她，藤野還記著她，今晚特意趕來，智子很感動，她低下了頭，淚水流了出來。

「不要緊，我幫你，不要擔心錢；早些睡吧，我明天一早開車來接你。」

「非常感謝你。」突然，智子抓住了藤野的雙手泣不成聲。

「睡吧，別著涼了……你晚飯沒吃吧。」藤野看到桌上放著一杯牛奶和一塊吃剩下來的麵包。

「太可憐了，智子，你每天上學，又要做夜班，又不好好吃，生活沒規律怎麼行？」

「……」智子低垂著頭，默默無言。

「你不用上班了，我養你。」藤野動了真情，「我沒有多少錢，是一般的職員，但是能養得起你。」藤野沒有透露自己的財產。藤野畢竟是年過四十、成熟而老練的男子，他不吐露自己是大老闆。

「我不要錢，只要真心歡喜我的人。」智子也有些錢，但是寂寞了兩年，需要一位愛她的男人。

他見智子點點頭，願意嫁給他這個「沒有錢」的小職員，這使他很感動。

藤野的心已經被眼前這位可愛而迷人的中國姑娘深深吸引住了。那天，他想自己有的是錢，要給智子花。

十幾年來，他遇見過許多美貌女子，哪個不是看中他財產。在日本，精緻華麗的婦女用品吸引著每一位愛美的女性，一個義大利包高達十萬日元，一瓶法國香水幾萬日元，一個月沒有幾十萬收入是無法購買這些昂貴消費品的。東京姑娘找丈夫，首先要看他有多少工資？是不是老闆？

第二天，他帶著智子去池袋一家大醫院治療，經過半個月的治療，智子的臉又恢復了昔日的光彩，雙目如明亮的星星。

「智子，和我一起生活吧？」他請求道。

智子為難了，智子有丈夫和女兒，她愛自己的丈夫。他們初戀時，他帶著她去逛馬路，看電影，多麼開心。

丈夫是典型的「中國模範丈夫」，智子躺在床叫著：「快，拿杯水來。」丈夫馬上端了上來。

「快，倒洗腳水，我和女兒要睡覺了。」

丈夫將洗腳水端到床前，伺候母女倆。後來智子辭職，當了個體戶買衣服，她精明能幹，掙了不少錢。

可是來回於上海與廣州之間，和丈夫聊天遊玩的時間少了。丈夫喜歡待在家裡，他不希望妻子經常外出，他寂寞了，後來有了外遇。

智子傷心極了，來到日本後，幾次想把丈夫接出來，可是沒有成功。逢年過節，智子一個人待在屋裡想著丈夫和女兒。

想到離家的這幾年，那位「第三者」一定糾纏在丈夫身邊，不由黯然神傷，常常一個人抽煙、喝酒。

智子的護照快到期了，藤野也從老闆娘那裡知道了智子已婚，三十多歲，然而，他已經深深的陷入了情網，不能自拔。

智子像妹妹，可愛、美麗；智子是女人，嫵媚動人；智子是妻子，能使他滿足。和智子在一起，有說不完的樂趣話，常常逗得他捧腹大笑。

智子語言學校畢業了，考上了一所專科學校，但是她決定放棄，因為又要付幾十萬學費，不如黑下來，每天去打工，掙些錢再回去。

愛的廣義是抽象的，狹義卻是具體的，它由知覺與感覺將「愛」字充分表達出來。智子現在決定和中國丈夫離婚，想和藤野生活在一起，因為丈夫十年來從沒有給過她性快感。

因為沒有了簽證，智子必須回國；藤野答應她，回國和丈夫離了婚，他就能和她結婚，這樣智子就能以藤野的妻子身份再回到日本。

可是當智子回到上海，記憶又回到了往年快樂的日子裡。望著丈夫瘦削的面龐，她難以啟齒，他們相戀了十年，他雖不善交際，也沒有很多錢，但是很顧家，家裡的事都是他一個人幹的。

智子性情活潑開朗，想闖一番事業，丈夫有外遇，自己也有責任，當年她只顧做生意，而冷落了丈夫。看著女兒一個勁地叫著「媽媽」，智子怎麼也說不出「離婚」這兩個字。

藤野每天從東京打電話給她：「我太寂寞了，這裡是你住過的房間，你的東西還放在這兒，散發你的氣息，我太想念你了。」

「我也想你，愛你……」

每天有說不完的情話，東京的他竟像初戀的少年一樣，幾乎失去了中年男子的穩重與成熟。日本男人的情緒有時像火山一樣，地熱蘊藏太久，地層先冒熱氣，而後是迸發，最後是熊熊的火焰沖天而上。

智子陷入了火山中，她無力自拔，也無法逃避。這團火從東京飛向上海，智子陷入了火的包圍中。

藤野擁有幾億財產，瀟灑而有風度，又是東京大學的高才生；眼前的丈夫瘦小、蒼白；一無文憑，二無財產，三無技巧，命運註定他要輸了！

女人天生喜歡美、愛虛榮，智子在東京玩過、看過、吃過，如今回到上海不寬敞的家，她很不習慣，當然也不習慣丈夫的不修邊幅。

藤野等不急了，飛到了上海，他們相會在希爾頓酒店，藤野迫不及待地問智子：「沒提出離婚嗎？」

「沒有……我還沒有。」

「還猶豫什麼，我不能失去你，」

在智子與丈夫交涉的一年裡，藤野來回於東京、上海十六次，每月國際電話費達二十萬日元，終於，智子說出了要離婚！

丈夫聽了不由驚呆了：「我等了你三年，多麼難熬！每天都擔心你身體怎麼樣了？你剛生了肝炎就去了日本，我托人帶藥給你，你愛吃的話梅、點心，我一次次跑郵局……」

丈夫難過的說，「看著女兒一天天長大，等著你回來，一家團聚了，我多高興，可沒想到……」丈夫承受不了這突如其來的打擊。

丈夫已經起了疑心，知道她與藤野的事。丈夫發火了，他不同意這個日本男人奪去心愛的妻子。

東京方面，也在進攻，這持久戰整整繼續了半年之久。終於，丈夫在藤野為智子買的新房裡遇見了藤野，這天雨夜，兩位不同國籍的男子見面了。

「這是我妻子，你憑什麼奪走她，我有法律保護，你不守法，我要告你！」他說中國話，藤野不明白他說什麼，看氣勢知道是在責問他。

藤野忍住了，在中國，智子不是他名正言順的妻子，他是理屈的。

智子的丈夫一把揪住藤野的脖子，吼道：「你給我出去！」

「這是我買的房子，你為什麼到我房子裡來？」藤野也不示弱。

「她是我妻子，我有權在這裡過夜。」兩個男人分別用兩種語言激烈地爭吵著，智子無奈，不知道如何勸。

她見藤野被丈夫揪著衣領，要打起來了，她喊叫著，乞求道：「你們不要吵了！」她分別說著日語和中文，才能使這對要決一死戰的情敵住手。

藤野被狠狠揍了一拳，他沒有回手；自己在奪他的妻子，這是不仗義的，他怏怏地走出了新屋，回到了希爾頓。

第二天，他哭著哀求智子：他要買一幢小洋房給她，把她的女兒也接到日本去。他確實非常歡喜智子的女兒，有一次智子要回上海，他特意買了各種禮物，親自驅車趕到機場，叫智子把這些禮物給她女兒。

還有一次，在上海飯店吃夜餐，智子的女兒睡了，他輕輕地抱了她，像慈祥的父親，一直把她們送到家中，智子非常感動。

現在他跪倒在智子面前，抽泣道：「你住中國也好，住日本也可以，一切都由你決定，只要能和你結婚。智子，你是我的生命！為了你，我什麼都願意。」他突然變得憂愁善感，把幾十年來的人生悲傷都發洩出來了。

智子感動的流著淚說：「你起來吧，我知道了；要慢慢來，我再去勸說他。」現在智子決定與丈夫離婚。

丈夫最後打了退堂鼓，他提出：「好吧，我們協商離婚。」這意味著要講條件，不能輕易離婚，這使還愛著丈夫的智子，澈底灰心了。

人的感情多麼微妙，智子事後說，如果丈夫像藤野那樣堅持，自己還會回到丈夫的身旁；

沒有想到他要談條件，把我當籌碼。

事後藤野也嘲笑說：「智子的丈夫並不愛智子，如果真愛智子，他絕不會讓步。提出協商離婚，說明他只要錢！我愛智子，如果誰要奪智子，我要拚命奪回來，絕不會讓別的男人奪去。

愛情仗如同拔河，誰鬆了下來，不使勁，誰就要輸！屬於你的東西，你必需要不惜一切代價奪回來。智子的丈夫沒有這樣做，八個月的持久戰終於結束了！

十二月分，智子與丈夫離婚了，智子把日本掙的錢和房子都給了丈夫，女兒歸自己。

藤野拿到離婚證書，歡欣若狂，他把離婚證書捧在手裡笑了，他勝利了，一個男子的自豪和驕傲！

其實在他爭奪智子的時候，並不完全是為了她，而是他不甘失敗的性格所決定，凡是自己想要的東西一定要奪回來！

這一年，他來回中國十六次，有時住半個月；離別一個星期，只要智子說：「來吧。」他馬上就飛到上海。

他住在希爾頓，花園飯店，出入小汽車，進出高級餐廳、卡拉ＯＫ。這一年來，他沒有很好工作，公司的一切工作都委託代理人代管。這一年裡他花了一千萬日元，最後他贏得了愛情——智子即將成了他的妻子，沒有人能與他爭了。

俗語說：凡所難求皆絕好，及能如願又平常。

拚搏了一年，現在沒有追求的目標了，藤野頓時感到百般無聊；他也累了，感到精疲力竭。

此時他和智子躺在希爾頓賓館軟軟的床上，纏綿悱惻，電話鈴響了，智子一骨碌披爬起來，拿起電話，對方是一個姑娘：「藤野在嗎？」

「你是誰？」智子警覺地責問道。

對方一陣沉默，藤野伸手去接，被智子擋住了：「哪來的女人，他媽的！」智子雖說很漂亮，但是以前當過個體戶，走南闖北，粗話不斷，電話被智子「嘎」地掛斷了。

「你怎麼能這樣？這是我的電話！」日本男子是不允許妻子或戀人掛斷電話的，他發火了。

「大清晨有女人來找你，怪不得賓館女服務員對你擠眉弄眼，又塞紙條。還好看我在掏腰包付錢，她們才甘休，否則，一個個都在你身邊了。」

「你說什麼，那是大使館朋友介紹的，大學生。」

「是啊，人家是大學生，我是粗人。」智子傷心的哭了起來，這是他們第一次吵架。

「好啦，別哭了，今天去你媽家。你媽打麻將輸了，我付錢。」藤野看到女人哭了，就抵擋不住。

隨著時間的流逝，倆人的矛盾開始了：每次藤野回東京，給智子幾十萬日元，等一個月回來，智子就說：「錢沒有了。」

「用哪了，買什麼東西？」

「去美容院，又借給媽媽一些……我也不知道。」

漸漸的，藤野覺得智子變了，她也是為了他的錢。她沒買什麼東西，一定是儲在銀行裡了？在這一年裡，藤野來回上海數次，也接觸了很多中國姑娘，她們有的年輕、漂亮，有的是國外學者，有才華和修養；比較之下，智子三十多歲，有孩子，文化不高，現在脾氣也不好，有時很粗俗。

他開始生疑，智子丈夫怎麼會半夜到他買的房間來？難道智子與他相愛時，仍和丈夫有關係？她同時佔有兩個男人？這不能忍受，不能原諒！

智子的缺點也漸漸的暴露出來了：她直爽但有些俗氣，她柔情但又任性；她在藤野面前毫無顧忌將優點與缺點都充分的表現出來了。

現在智子再沒有盡善盡美地討藤野的歡心，也許她認為大功告成，不必再掩飾了。

藤野這幾十年來要找的不是每天能陪他吃喝玩樂的女人，他需要的是一日三餐能照料他的溫柔妻子，智子顯然沒有做到。

他需要的是一位氣質高雅、落落大方能帶到各種大場面去的妻子，智子做不到，她是初中畢業後就在城隍廟擺攤的個體戶。

正當藤野考慮是否要和智子結婚的關鍵時刻，他面臨著一場毀滅性的災難！

上帝對每個人都是公平的，你有所得，必然會有所失。藤野得到夢寐以求的智子，然而他卻失去了引以為驕傲的資本——億萬財產。

一九九一年底，日本新聞界發生一件轟動全國的「阿部不動產」事件，這件事牽涉面廣，有政界的頭面人物，有黑社會，他也被牽連進去了。

原來就在他追求智子的一年裡，公司的財務委託代理人管理，有關部門來查帳，他如數拿出，結果發現公司連續幾年沒有交稅，他一直在逃稅，難怪公司發展得如此迅速，公司帳目被稅務局封查。

藤野回到東京就被警司廳扣留，罰款兩億日元，這對一般日本市民來說，是一個天文數字。對老闆來說，也是致命的。

他拍賣了建了一半的大樓，關閉了公司，又將自己住的房屋抵押出去，這還不夠，還缺幾千萬。幾個月來，他焦頭爛額，每天九點鐘要到警方辦的稅金教育學習班去學習，更遭的是，他的護照被沒收，不能出國。

在上海等待他開結婚證的智子不知道情況，來電話責問他，為什麼還不開結婚證書？還開什麼結婚證書，他後悔自己在上海時，財務讓代理人管，否則不會弄得損失如此慘重。九〇年代初，日本的經濟開始蕭條，房價開始下跌。日本國內反對暴力團、黑社會運動又高漲起來，政府取締了黑社會辦的公司。

他在政府裡工作的高官同學、朋友，有的因為政治獻金而被抓，有的因為有了第三者，被輿論逼下了台，藤野再想重新站起來，已是不可能，他一蹶不振，難已翻身。

但是他不能和智子說出真情，以前揮金如土，如今分文沒有。每月從朋友處借來五萬日元，寄給智子作為生活費。他拍賣了所有財產、大樓，只剩下一間和智子一起住過的房間。智子的東西仍放著，這只化妝台是她每天清晨起來用的，他愛站在她身後看她化妝，打扮，他是個懂得討女人歡心的男人。

現在傾家蕩產，男人的自尊心不允許他與智子結婚；何況現在根本就不能結婚，有關部門說他和黑社會有關係，警司廳不允許他討外國老婆。

在上海的智子不知道情況，以為藤野忙於工作，沒有時間來上海。她已經花慣了錢，經常出入於上海豪華的賓館、酒店、美容店，出門就坐轎車。

神仙般的日子只過了一年，一天，她收到了藤野的一封長信，信中他把真相告訴了智子，最後還說：我愛你，但現在不能和你結婚……

智子收到信，如同晴天霹靂。現在離了婚，財產都歸了丈夫。藤野沒有給她存什麼錢，就買了一室一廳七萬人民幣的房子，現在自己又去不了日本。

一年前，兩個男子還為她在爭鬥，現在都離她而去。智子每日淚灑衣襟，悲痛萬分，沒想到結局竟是如此，真可謂樂極生悲！

如今，她仍孑然一身，帶著女兒，她還等著藤野來信、來電。

半年，一年，藤野至今杳無音信，黃鶴一去不復返……

這段情意綿綿、風風雨雨的魂斷異國情，已成為一段纏綿悱惻的恩怨情。

二十幾年過去了，我們失去了聯繫；她居住的上海房子已經拆遷了，不知道搬到什麼地方去了？現在她也已經退休了，有了退休金，過一般日子應該可以了。

經常想起她，因為當年她告訴我說，上海的房子以後一定要漲，趕緊回上海買房子！如果有舊的老房子，花幾千或者一萬元買下來，這些房子以後一定會拆遷的，她很有遠見。

於是我回到了上海，買了幾套房子，應該感謝她！也希望她晚年生活安康、幸福！

櫻花樹下的悲歡離合

今天，日本東京青年會館熱鬧非凡，國際留學生生協會舉辦的首屆國際青年聯誼晚會在這裡召開，各國留學生在大廳前簽了名後陸續進入會場。

晚會由國際留學生協會主席作簡短的講話，隨後大家自由交談或跳舞；會議室中央是個舞廳，周圍放著一排排椅子，供大家休息。

學生中有的是結伴而來，有的是單獨而來；雖然來自不同國家，語言不通，但都有一個共同的身分——留學生。大家都用日語進行交流，沒有陌生的感覺。

舞廳中有位中國姑娘和一位男士跳著快三步，她嫺熟的舞姿，頎長的身材，像彩蝶般在舞池中飛旋，引起許眾多男士的注意；一位黃頭髮，藍眼睛長得十分英俊的澳大利亞留學生，他叫亨利，他沒有女伴，有些寂寞。

此時，他神情貫注地注凝這位中國姑娘。

一曲《藍色的多瑙河》舞曲結束後，嬌美的中國姑娘在亨利面前停下了，她的眼中閃出一絲嫵媚的秋波。亨利那雙深情的藍眼睛彷彿在和她說，你的舞姿太美了！

可以和你跳嗎？姑娘的眼神在問他。

亨利用日語說：很遺憾，我不太會。

「噢，你日語說得那麼好。」姑娘用英語對他說。

亨利不由驚住了：「你的英語說得那麼流利。」倆人一個用日語，一個用英語有趣的談了起來。

「你是中國人嗎？」亨利問。

「是的，剛來日本不久，日語說不好。」那姑娘說。

「你叫什麼名字。」亨利認真地打量著她，她像一位中國古典美人：西施，貂禪，還是楊貴飛？不像，楊貴妃是個胖美人，她不是。

他突然想起中國一句唐詩：「楚腰纖細掌中輕。」對了，她身材單薄，舞姿輕盈，像趙飛燕。

姑娘名叫陳燕，是上海某中學英語教師，今年二十六歲。今天隨表姐一起來參加聯誼會。沒想到舞會上碰到亨利，亨利才二十五歲，來日本已經三年了，學日本古代文學史，明年畢業，何去何從還不知。

然而，這次和陳燕邂逅相遇，他的命運將發生很大變化。倆人一見鍾情，互相愛慕；他們一起跳舞，緊緊依偎著，像一對情人，不在乎別人的目光。

「你很英俊。」陳燕被亨利那雙藍眼睛深深地吸引住了，那雙眼睛像藍石一樣閃著迷人的光輝，她看不夠。

亨利卻喜歡陳燕清泉般的雙眸，「你真美，我沒去過中國，中國姑娘都像你一樣漂亮嗎？」

「你去了中國就知道了，」陳燕笑著說，突然她問道：「你住在什麼地方？」

「住在池袋三丁目。」亨利坦率的說了出來。

以前碰到喜歡他的日本姑娘，他從來也不告訴住的地址。他完成學業後，要當一名研究日本文學的學者，所以現在暫時不想交女朋友。

「噢，我住在五丁目，太好了。」陳燕不由高興地叫了起來。

兩人興奮地談著，跳著，竟把各自的朋友丟在一旁。

表姐比陳燕大八歲，比陳燕成熟得多了。她不喜歡陳燕亂交朋友，因為她是個性格活潑，沒有一點兒城府的姑娘。

出國前，陳燕母親萬般囑咐她，好好照顧單純的表妹，所以她對陳燕看管得很緊。此時，看到陳燕和一個外國男人如此親密，心中不免擔憂起來。

她走過去，不經意地和亨利的朋友攀談起來，知道了亨利在早稻大學讀日本文學，父親早逝，母親受過良好的皇家教育，看來他還是很正派的，這才放心。

他們跳完了一曲探戈，陳燕歡快地像個孩子似的跳著到表姐面前，「今天太快樂了，碰到一位英俊的外國美男子。」

表姐對她搖搖頭：「可以回去了，明天還要打工呢。」

「今天我太高興了，你又要提打工，多掃興！」陳燕頓時覺沒了興趣，想到明天還要去洗碗，一賭氣地坐在椅子上，垂頭不語。

「怎麼啦？」亨利坐在她旁邊關切地問道。

「沒什麼，」陳燕不能告訴他說，自己的工作是洗碗，太塌台了。

「以後我教你日語，你教我中文，好嗎？」

「好，一星期一次，我時間不多。」陳燕很想與亨利交往，她求之不得。

他們互相寫了地址，道了別，倆人依依不捨回首望了幾眼，分別走了。

在路上，陳燕不停地問表姐，「剛才亨利怎麼樣？」

「又胡思亂想什麼。明天還要打工、上學，你不累，我可累了。」表姐很現實，她知道聯誼會一結束大家各赴前程。外國留學生不用去打工，中國留學生還得「爬分」，沒有多閒情逸致去瀟灑。

沒想到，從那天舞會後，亨利經常給陳燕打電話，倆人常常約會去新宿神宮、後樂園觀看賽馬；去西餐館吃牛排、義大利餡餅。他們手拉著手在大街上悠閒散步，卿卿我我，旁若無人。

亨利有時會在行人稀少的地方，忍不住吻一下陳燕，陳燕羞得驚叫一聲，逃了起來，亨利一個箭步衝上去，緊緊地擁抱著她。

「別讓他們看見。」陳燕看見前面走來幾個日本人。

亨利說：「我不太喜歡日本人，他們有些假正經。」

陳燕越來越喜愛亨利，雖然年齡比她小一歲，可是教陳燕學日語時，像一位嚴厲的教師。陳燕發音錯了，他會瞪著眼看好久，逗得陳燕大叫起來，「別這樣看我！」

「你要好好學才是，發音那麼糟，誰聽得懂你在說什麼？」亨利故作生氣地說。

「知道了，你以為我比你笨？」陳燕不再調皮了。

星期日下午五點學完一個小時後，亨利又變成了多情溫柔的小夥子，他會輕輕地摟著陳燕說一句上海話：「妹妹，阿拉歡喜你。」陳燕常常忍不住笑出聲，用上海話說他：「儂是『洋涇浜』」。

「『洋涇浜』什麼意思？」亨利好奇地問。

亨利從陳燕那兒學習中國文化，他越來越喜愛中國，中國發生的一切他都感興趣。倆人無憂無慮相愛了一年。

春節表姐回上海探親去了，只有陳燕一個人留在日本。亨利看她很孤單，決定春節三天來陪陳燕。

那天一起去超市買了菜後，陳燕炒了幾個中國菜。亨利不會做飯，只會做番茄牛肉湯。

倆人喝著啤酒，有趣地打鬧著，亨利吃著八寶飯、湯圓，還有東北餃子，吃得他放鬆了褲腰帶，逗得陳燕哈哈大笑。

亨利過了一個中國式的春節，喝多了酒，一頭躺在榻榻米上說今天不回去，就睡在這兒。

「這小屋怎麼睡？」雖然陳燕和亨利戀愛半年，嬉戲耍鬧都可以，她認為西方人在男女關係上比較隨便，她害怕亨利睡在這兒，自已經不起誘惑。

她雖然很喜愛亨利，但絕不會輕易將自己交給他。

「你還是回去睡吧。」陳燕輕輕地說道。

「為什麼？」亨利不解地問。

「……被房東看見了，不太好。」

「不會的，你就說是男朋友，我今天太累了，也喝多了，走不回去了，要和妹妹睡在一個房間。你放心好了，晚安。」亨利吻了陳燕，微笑著，便一頭躺在榻榻米上睡了。

其實陳燕也不希望他走，今天是年三十夜，表姐回上海過年了，一個人很寂寞、孤單。能有亨利陪伴著她，感到十分欣慰。但是有一些擔慮，表姐臨走時一再關照，千萬不能越軌，否則後悔莫及！姑娘家失了身，男人不負責任一走了之，吃虧的是女人。

陳燕不是輕佻的姑娘，她純情，又充滿了幻想，雖然她愛亨利，但是還沒有想到以後一定要嫁給他。他留學結束就回國了，他們的關係也就結束了，所以她堅守這道防線。

亨利睡得很香，像孩子般地囈語一聲。陳燕悄悄爬過去，深情地望著他，他寬闊的胸膛，富有彈性的肌肉讓人動心，長長的眼睫毛十分迷人，陳燕忍不住在他臉上輕輕地吻了一下。她多想擁抱他，可她又害怕，在一個房間裡，一雙異國情人會控制不了自己的情感。

陳燕又理智地回到自己的被窩裡，她怎麼也睡不著，害怕亨利酒醒後，情不自禁睡到她身邊。可是她又期待著亨利來，能依偎在他寬闊的胸前，多麼幸福！

以前她像個可愛的小花貓似的在他胸前撒嬌，亨利給她安全感，充實感。

今晚是否安全？她不知道。胡思亂想後，她緊緊把將被子裹在身上，迷迷糊糊睡著了。

第二天，當她醒來睜眼一看，亨利不見了。他的皮夾克還掛在牆上，他去那兒了？她溫情地喊道：「亨利，亨利！」

亨利從廚房走了進來：「你早，小懶貓還想睡嗎？快九點了，看你睡得很香，沒吵醒你，我都背完了一段法語，早餐做好了。」

「噢，太好了，亨利，過來吻我一下！」陳燕覺得昨夜沒發生什麼，她不由為昨晚多餘的擔憂而可笑。

以後的兩天還是這樣，他們吃了晚餐，亨利親熱地擁抱親吻了她後，各自東西鑽進了被窩。陳燕有些不解，她想像中的外國人不是這樣的，和女友睡在一個房間裡而不發生關係？她不能理解，是亨利不愛自己？自己吸引不了亨利，這使陳燕感到困惑。

陳燕決定試探一下，夜裡兩人剛睡不久，陳燕驚慌失措地叫了起來：「亨利，亨利！」

「怎麼回事？」亨利驚醒了，爬了起來。

「我，我做了惡夢，有個魔鬼在追趕我……」陳燕嚇得緊縮著身體，瑟瑟發抖。

亨利坐了過來，「別害怕，我在這兒。」

「你今晚睡在我這兒好嗎？抱住我不要離開。」陳燕哀求道，「為什麼你每天夜裡不過來，你不愛我，是嗎？」

她傷心的哭了，亨利像朋友一樣對待她，她感到深深的失望，人的情感是多麼微妙而不可思議。

「妹妹，別哭了，我們還沒有結婚，怎麼能睡在一起。我是信基督教的，我們沒有結婚，我不能佔有你，你是屬於上帝的。」亨利認真地解釋。

「你騙我，我在小說、電影中看到外國人的情愛很隨便。」

「這是偏見！並非所有的外國人都像小說，電視裡一樣。我從小跟著母親信仰上帝，我對愛是忠誠的。你現在不是我的妻子，我不能對你這樣。」

「……真是這樣嗎？我要和你結婚。」她投向亨利的懷抱，陳燕不由冒出要和亨利結婚的念頭，嫁給他一定很幸福，他那麼有理性，對愛情如此專一，並非她想像中的外國人浪漫而不專情。

「念完語言學校，我們就結婚。」

「不行，我們太年輕，我還要學法語，二十八歲後成家。」亨利十分認真地說。

「不行，你去了法國，一定會有許多姑娘追求你，到時候你會把我忘了……」陳燕有些失望，她想成為他的妻子，為他生幾個像洋娃娃一樣可愛的小女孩。

「我是獨生子，媽媽對我的婚姻很關心，她每次來電話，叫我好好學習，不要談女朋友，說我還太小，她不知道我們倆的事。」

「原來你根本就沒打算和我結婚？」陳燕抬起頭問道。

「讓我考慮一下好嗎？你不要那麼任性。」亨利比陳燕成熟多了。

「你走吧，我不想再見你了……」陳燕等不了三年，她害怕亨利突然會離開她，他說，要去法國學法語，他一定會走的，他是個事業型的男子。

這天倆人都哭了，原來亨利的一切都聽他母親的安排，母親是他監護人。

「我今天就打電話告訴母親，我倆的事好嗎？」亨利哄著陳燕。

陳燕無法高興起來，亨利也覺得心煩意亂。他確實喜歡陳燕，她善良、可愛。亨利不喜歡日本女孩子，瘋瘋顛顛的，比西方女孩子還要開放。

追求他的日本女孩子很多，兩位學英語的學生經常會出其不意地吻他，弄得他十分尷尬。他也不喜歡西方姑娘，她們太浪漫，太現實，婚後如果出現什麼問題，不高興馬上就要離婚。

亨利從小受到母親的薰陶，母親是英國貴族後裔，有些守舊，又信奉上帝，所以亨利小時候常常跟母親去教堂唱讚美歌，念聖經；他是個充滿仁愛之心，又有著事業心的男孩。

在澳大利時，他談過一次戀愛，女孩子太傲慢了，跑到他家中，雙腳朝沙發上一翹，嚷著：「亨利，我要喝咖啡。」母親不喜歡她，他們結束了來往。

陳燕的性格典雅、文靜、柔情，亨利一直想尋找像陳燕這樣的伴侶，沒想到在日本的櫻花樹下找到了這位上海姑娘。他覺得這是上帝的旨意，既然上帝將陳燕交付於他，那麼就應該全心全意地去愛她。

他的思想與信仰，陳燕從未瞭解過，她只知道亨利英俊、可愛、有才，可是當她聽了亨利的一番話，她更愛亨利了；亨利一定能成為好丈夫，愛情是幸福、美滿的。

愛情不是孤立的，它受到時代、社會以及家庭的限制。

現實生活很難有永恆的愛，因而，人世間常常會演奏出了一曲曲愛的悲歌。

亨利打電話告訴遠在千里之外的母親，說他愛上了一位性格溫柔、美麗善良的中國姑娘，他每天生活得很愉快，一點兒也不寂寞。

母親不希望兒子早戀，這樣會影響前程的。在日本花哨的姑娘很多，亨利從小性情溫良，他能受不得住東京姑娘的誘惑嗎？

當她聽說是位中國姑娘，有點定心了。母親從小受過良好的英國皇家教育，她知道中國人受儒、道、佛三教的影響很深，三綱五常，三從四德的道德觀根深蒂固，中國姑娘一定很傳統。

聽到亨利發自於內心喜悅的聲音，那位姑娘使兒子在異國不再寂寞了，母親十分高興，她叫亨利寄一張姑娘的照片過來。

亨利將倆人依偎在櫻花樹下的照片寄給了母親，母親很滿意。照片上兒子笑得那麼甜美，母親感到很欣慰。

母親開一家時裝店，很有錢，但是給亨利的生活費有些吝嗇，每月僅寄二十萬日元，擔心他錢多了，會玩物喪志。

母親寄來了許多小首飾送給陳燕，陳燕高興極了，亨利也高興，能得到母親的許可，他的第一道防線解除了。

陳燕語言學校快畢業了，她報了兩年制的美容專科學校。亨利學校也畢業了，他不喜歡住在東京繁華喧鬧的城市，要去風景優美安靜的九州長崎工作。

亨利去了長崎一家學校當英語教師，合同兩年，亨利拎著一隻小皮箱走了。

熱戀中的情人雖然告別了，留守電話和傳真機，成了他倆一天也離不開的抒發相思的工具。

亨利剛到長崎就打來電話，他用生硬的上海話叫陳燕：「阿妹，我已經到了長崎，這兒風景很優美。

下午去了荷蘭村，這裡以前是日本打開貿易門戶的港口。幾百年前，由荷蘭開出的十艘貨船經過了一年多的航程，衝破了驚濤駭浪來到了長崎，將西方文明傳到了日本。現在建立的荷蘭村，是為了紀念這些荷蘭勇士們。

「你去上學了，今晚十二點我再來電話，我愛你……」

陳燕從學校趕回來，首先打開了留守電話，裡面傳來了亨利深沉、溫情的聲音，他總是在結尾說一句英語。

夜裡下班回來，陳燕便守在電話機前，電話鈴一響，她迫不及待地拿起來，「喂，喂」，她剛想用日語問，不料裡面傳來一個純正英語聲音，噢，那是亨利母親打來的電話。

他母親不知道亨利已經到了長崎，打電話到他原來的住址，電話不能用了，就打到陳燕處。

陳燕告訴她說，亨利今天到了長崎，晚上還來電話。

母親不太高興，說亨利不懂事，應該掛個電話告訴她才是。

母親說，亨利的心裡只有女朋友，把母親忘了。她告訴陳燕，今年夏天要來日本看兒子，也想順便看看她。

陳燕放下電話，感覺不好，她擔心亨利母親看不中她，會突然把亨利帶走。上海姑娘的腦子有時轉得很快，她想要趕在他母親來之前和亨利結婚，這樣就既成事實，生米做成了熟飯，反悔也無奈。

電話鈴響了，是亨利打來的。兩人在電話中卿卿我我說了一個小時，從長崎打到東京，電話費很貴，他們在熱戀中，不考慮要付多少電話費。

一個月兩人電話費加在一起十二萬日元；兩人的生活費，房費加起來二十多萬日元。雖然亨利工資三十多萬日元，他每星期要去釣魚、打網球、去飯店用餐，每月攢不下多少錢。

亨利讓陳燕來長崎念書，可是陳燕喜歡東京，她不歡喜偏靜的地方，何況還有一年要畢業了，怎麼能半途而廢呢。

她對亨利說，馬上結婚，我就不用念書了，可以去長崎了。

亨利也擔心母親來了，萬一不喜歡陳燕怎麼辦？還是趕快結婚吧。

於是倆人在櫻花盛開的季節結了婚，他們在亨利的一位日本學生家中辦了一桌酒席，來了十五位朋友。亨利脫下了夾克衫，穿上了西裝；陳燕穿著一身粉紅色的套裝，她幸福地望著亨利，眼睛中閃著幸福的光澤。大家舉起了酒杯，祝賀兩位異國的情侶結為伉儷。

亨利深情地吻著陳燕，陳燕羞紅了臉，萬般嬌柔地依偎在亨利身邊。在簡單而熱鬧的結婚宴席上，大家留了影，朋友們相信他們一定會恩恩愛愛、白頭到老。

酒席散後，亨利和陳燕來到表姐的住宅，表姐讓他們住一個星期，自己暫時搬到了別處去。簡單的房間裡只有一個小梳妝檯，小衣櫥、書櫥。表姐為新房貼上了一對大紅喜字，拉了幾條彩帶，有些結婚的氣氛。

現在陳燕成了亨利的妻子，新婚之夜，亨利狂喜萬般地擁抱著陳燕，不停地叫著：「阿妹，阿妹。」亨利是那般得溫情脈脈，愛得細膩、輕柔。倆人沉醉在愛的情欲中，久久不分離。

不同的國籍和文化背景，使他們兩人在同一點上相遇，櫻花為他們做紅娘。四月的櫻花美得嫣然迷人，異國戀人的真摯之愛，蕩漾在櫻花盛開的初春。

婚前，亨利每天六點必須爬起來背法語，做健美操。新婚第二天，破了例，他像貪睡的孩子睡得那麼香甜，陳燕躺在他展開的手臂上，斜著身體，調皮地用手輕輕地撥著亨利長長的睫手，亨利的眼睛一動，陳燕忍不住笑了。

讓他多睡一會，今天我是妻子，要像日本妻子一樣早起來，為丈夫準備早餐。

陳燕輕輕地爬了起來，她做好了亨利愛吃的烤麵包、咖啡，靜靜地坐在亨利的身旁深情地瞧著這位戀愛了兩年的丈夫。在過去的兩年中，他們互相學習中文、日文、英文。陳燕給亨利講中國的文化、歷史，亨利講澳大利亞文化、歷史，母親一套套的英國皇家的教育和聖經。

不久陳燕帶著亨利回上海遊玩，上海的一切都使他感很新奇，尤其是逛「城隍廟」，他買了一串糖葫蘆津津有味地吃了起來，亨利買了一疊雲南紮染花布送給母親，因為母親最喜愛中國古色古香的物品。

陳燕母親十分喜愛這位外國女婿，尤其是亨利學著上海話叫一聲：「姆媽」喜得丈母娘眉開眼笑。新婚遊玩兩個星期結束後，小倆口又回到了長崎。

陳燕不習慣長崎冷清的生活，說要回東京，東京能掙到錢。

亨利的母親不知道他們已經結婚了，所以也沒有寄錢來，現在他們幾年的儲蓄都花光了。亨利不在乎錢，每月用得淨光也不著急。上海姑娘會算計，沒有錢，以後生了孩子怎麼辦，趁現在年輕，再掙些錢。

陳燕說服亨利，一定要回東京，再幹一年攢一百萬日元，這樣以後的日子就不用發愁了。

亨利覺得有道理，所以新婚不到三個月，兩人又分居兩地，仍是電話和傳真機保持聯繫。

亨利母親夏天來到東京。母親是個愛遊玩的老太太，時裝店的收入，大部分花在遊玩上了。今年她要去瑞士住一個月，順便來看看兒子。

母親先來到陳燕的住處，看到陳燕的八平米的臥室，廚房四平米，母親皺起了眉頭。留學生能租得八萬日元的房子很不錯了，可是亨利的家有兩幢洋房，還有兩輛汽車，沒想到兒子在東京的生活那麼艱苦，母親有些心疼。

亨利從長崎趕到東京，去新宿帝國旅館看母親，並告訴母親他們結婚了。

母親聽後不由大怒，這麼大的事，不事先告訴我！這位很早就失去了丈夫的婦人對兒子很依戀。她希望兒子找一個本國的妻子，又擔心兒子要了媳婦忘了娘，這種矛盾的心理使她的性格變得很古怪。

現在她有些失落，亨利從小很聽話，以前什麼都聽她的；現在這麼大的事也不告訴她，自己就決定了，她懷疑陳燕迫使亨利結婚的。

在東京玩了三天，臨走時單獨找兒子談了兩個小時；要兒子馬上回澳大利亞，先讓陳燕回上海，兩年後再將她調到澳大利亞。分居兩年是為了讓亨利完成學業。他不應該那麼早就結婚，應該念完博士課程後，再考慮結婚。

母親的話像上帝的旨意一樣不可違背，亨利為難了。新婚不到半年，他捨不得離開陳燕；如果不答應馬上回去，他就不能繼承母親的財產。

陳燕想：亨利母親專制而有手段，亨利一定會聽她的訓導。他年輕單純，缺乏處世經驗；

萬一又迷戀上別的姑娘，怎麼辦？豈不是要白守幾年的空房，接踵而來的是一張離婚證書。沒有他母親的同意，亨利是沒有能力和膽量將陳燕調回澳大利亞的。現在回到中國，萬一去不了澳大利亞，再來日本也不可能了。自己的學業半途而廢，回國後不知要等多少年才能團聚，弄不好，豈不是人財兩空嗎？

亨利母親走後的幾個月，陳燕為此事急得心神不安，瘦了許多，她不再像歡快的小鳥在電話裡與亨利談情說愛，開玩笑；她必須面對現實：選擇回滬，還是就此離婚。

亨利也六神無主，他再也沒心思去釣魚、打網球了。他只好叫陳燕放心，先回上海，兩年後一定說服母親，調她去澳大利亞。

陳燕失望了，亨利那麼懼怕他母親，一點主見也沒有，連妻子的事也不敢拿主意；以後回到母親身旁，還不是傀儡嗎。

「亨利，我不能回上海。萬一兩年後你不來接我，我能去哪裡呢？來日本沒掙到錢，沒完成學業，連丈夫也跑了，」

「你為什麼老是往壞處想呢？讓我安心學習幾年，考完了博士，我們馬上生個孩子，我不可能拋棄你？媽媽也不會拋棄孫子的，」亨利解釋道。

「不行，看到孩子我會更痛苦的。你在澳大利亞，一定會有許多女孩子追你，你母親再逼你，我們分別久了，感情會淡薄的。」陳燕知道亨利不是朝三暮四的花花公子，萬一遇到一位比她更優秀的女孩子，能保證他不移情嗎？

亨利馬上要回澳大利亞，某大學的博士生要招考了，母親的朋友，一位大學裡的博士生老師要收亨利，攻讀心理學。

經過幾個月的反覆思考，陳燕終於做出了痛苦的選擇——離婚。

當她將這個想法告訴亨利時，亨利在電話裡半天說不出一句話，隨後他傷心得哭了。他痛苦的說：「你為什麼要這樣，為什麼？當初也是你嚷著快結婚，現在又要離婚，你是不是在折磨我？」亨利像孩子般地哭泣著。

兩人拿著電話筒，悲痛得半天也沒說一句話，亨利掛斷了電話，陳燕覺得一切都結束了。半年前是她提出馬上結婚，她愛亨利，想做一個盡善盡美的妻子。她不是事業型的女孩，能有一個愛她的丈夫和可愛的孩子，有一個溫馨的家庭就滿足了。

可是這個心願都不能達到，她不能無盡期地等待下去，這就是現實生活的無情。人有時不得不向變幻莫測的現實妥協，理想主義者是痛苦的。

現在陳燕是現實主義，而亨利卻是理想主義，兩人不可能在同一跑道上，必然分道揚鑣。愛情的項鍊再堅固，但它是纖細的；用縷縷心絲織成，把它放在精緻的盒子裡，它是美麗的，它不可能永遠存放在盒子裡，它會被現實這個無情的鐵鍊絞得支離破碎，殘留在眼前的是，憂傷的淚水和一個空幻的夢。

亨利趕到東京，他想說服陳燕；可是陳燕質問他：「你為什麼一定要聽母親的話，為什麼不能去中國念書。」

在這個世界上能夠不愛江山愛美人的，也許只有毅然放棄王位、隨他鍾愛女人僑居國外，三十五年之久的英王愛德華。

櫻花絢麗，卻開得短暫，一夜之間樹梢上不再是一層層、一片片粉紅色的花朵，四月的櫻花被一場暴雨打得落葉繽紛。

相愛的人要做出痛苦的選擇，陳燕剛辦好一年的結婚簽證，一年後怎麼辦？再去上專科，不行了，念大學可以。但是她高中畢業，考不上大學；在這一年內，必需要解決簽證問題，否則仍要回上海。

亨利幫不了忙，他要回國了。兩人抱頭痛哭一場，第二天辦了離婚證書。

在回家的路上，亨利一句話也沒說，他後悔當初不應該那麼快結婚，不結婚離開陳燕也許心情會好受些，如今她是自己的妻子，可他卻不能幫助她，讓她獨自去闖前面的艱難之路。

亨利說，實在沒辦法，你就先回中國；兩年後我們再婚，帶你去澳大利亞。

陳燕苦笑著，她不再抱什麼希望，兩年後亨利會變得很有主見嗎？他母親一定會逼著他和其她姑娘結婚的。

不久亨利回國了，陳燕和表姐送到了機場，亨利將陳燕摟在懷裡，在她耳邊悲傷地說：「阿妹，等我幾年，我愛你……」

陳燕的淚水像泉水般地湧了出來，她哽咽著一句話也說不出來。

亨利走了，他一步三回首，消失在進口通道。

陳燕見亨利低垂著頭，擦著眼淚，他沒有再回頭，徑直朝裡面走去。

陳燕再也忍不住了，她伏在表姐身上放聲大哭起來。表姐急忙將她扶到化妝室，讓她痛快地大哭了一場。

第二天清晨，電話鈴響了，陳燕飛快從床上跳起來，「亨利，是你嗎？」

「我到了，很順利，你好嗎？」

「還好，表姐陪著我……」

「別忘了你感冒還沒有好，藥放在玻璃櫥裡。要多吃點飯，長胖些……」以前亨利是位十分體貼妻子的丈夫。現在不是丈夫了，這一切像做夢一樣。

「如果澳大利亞能念語言，你來好嗎？」

「我考慮一下。旅行袋裡有一雙新買的皮靴子，送給你。」兩人又在電話中談了二十多分鐘，不能再說了，國際電話費很貴，彼此沒有多少錢了。

亨利走了，陳燕只有考上大學才能得到簽證，當她拿起數理化書，腦袋就發漲。她學不進去，她要和日本高中畢業的日本學生、中國大學生一起參加考試，肯定競爭不過他們的。還有其他路可走嗎？

那天陳燕聽著費翔的歌：「回來吧，回來吧，浪跡天涯的遊子……」她第一次向自己發問：為什麼不回中國呢，偏偏都要擠在這塊狹小的島國？

不久，表姐專科畢業回上海了，這間小小的房間只剩下陳燕了。

她很寂寞，她不再是兩年前像歡樂的小雲雀那樣無憂無慮，為了忘卻相思之情，她去了一家公司當翻譯。她學過兩年秘書專科，能翻譯英文、日語、中文的資料，工作速度比一般日本人都快。

許多日本青年想和她說開玩笑，看到她整天不說一句話，下了班提起皮包就走，怎麼也搭不上話。

公司老闆芝本先生在赤羽總公司上班，他另外還有兩家電腦分公司，所以不常來他們公司。今天他匆匆趕來，為了要儘快翻譯一份和上海浦東某公司合資的資料，平時一般重要檔都是找翻譯公司翻譯的，最近翻譯公司很忙，後天才能拿出來。

無奈之時，他想起最近分公司來了一位上海姑娘陳燕。

陳燕拿到老闆的資料後，連午飯也沒吃，整整十幾個小時將厚厚一疊材料翻譯出來。當她站立起來，剛想把材料交給室長，她感到一陣頭暈目眩。她從小體弱多病，近來亨利走了，她徹夜不眠：清晨匆匆喝點牛奶、速食，每天又拚命工作，因而經常感到渾身沒力氣。

今天太緊張了，勞累過度再則營養不良而引起美尼爾症復發，眼前漆黑一片，頭暈目眩，一陣噁心；當她扶著桌子剛想坐下，不料雙腳發軟，「啪通」一聲，一頭栽倒在地。

這時正好芝本老闆走了進來，「怎麼啦？」他驚慌失措地扶起了陳燕，「你怎麼啦？」

「沒事，一會兒就好……」陳燕閉著眼睛，無力地說。

「你臉色很不好，感覺去醫院！」芝本發現陳燕的臉色蒼白像得一張白紙。她身體單薄得像一棵微弱的小樹，隨時會倒下來。

陳燕在凳上坐了一會兒，方覺好些，「資料都翻譯好了。」

「謝謝，你太累了。」芝本很感動。

專業人員三天的工作量，她一天就完成了。現在他對陳燕刮目相看了，以前來過兩位中國留學生，一位沒幹多久就辭職走了。另一位不遵守公司制度，一會兒出去買飲料，一會兒打電話，被解雇了。

陳燕是公司招的第三名臨時職員，本不想再用中國人，可是目前公司和中國方面有業務來往，只好先用陳燕。

芝本叫公司秘書到外面買了幾瓶「黃帝」營養飲料，他親自遞給陳燕，「先喝點吧。今天我們一起出去用晚餐，你喜歡吃什麼？」

「不用了，我想早些回去。」一星期沒接到亨利電話，陳燕每時每刻都想他。

「那麼隨便吃些什麼，我開車送你回去，好嗎？」這份十萬火急的資料翻譯完了，芝本特別高興，總算松了一口氣。

看到陳燕能夠準確迅速將工作完成，芝本突然有了一個新的打算，讓陳燕做他的私人秘書，為總公司打入中國市場助上一臂之力。

芝本駕駛著車，帶著陳燕去新宿一家泰國料理店。陳燕由於太勞累也吃不下，和公司老闆第一次單獨在一起，感到有些拘束。

晚餐後，芝本將陳燕送到家門口後，芝本叫陳燕明天休息二天，等身體養好後再去上班，陳燕感謝地點點頭。

他們在樓下告別就分手了，芝本駕著車一溜煙地開走了，陳燕站在樓下久久地凝望了許久。當她轉身走上樓，打開房間，感到從未有的孤獨：房間裡冷清清的，以前表姐在，她在上班前燒好了晚飯放在桌上，陳燕回到家就狼吞虎嚥地吃了起來。

表姐走後，有亨利陪伴，他很有朝氣，回到家像頑童般地玩鬧起來。有一次，蒙上眼睛在屋裡捉迷藏，陳燕躲在壁櫥裡，亨利怎麼也找不到，他脫下手帕著急地喊叫起來：「你在哪裡，快出來，出來。」

陳燕躲在裡面偷偷地笑，亨利賭氣地說：「再不出來我要從樓上跳下去了……我數一、二、三、」沒等三字出口，陳燕驚慌地竄了出來：「我在這兒。」兩人又喜又驚擁抱在一起。想起往事，陳燕不由黯然失神，茫然地坐在榻榻米上。

電話鈴響了，陳燕一下子跳了起來，「喂，亨利嗎？」

「我是芝本，對不起打攪了，還沒休息嗎？」是芝本渾厚的聲音。

「還沒休息。」陳燕的情緒一下低落了。

「早點休息，明天不用上班了，我和室長村野說了。」

「謝謝你的關照。」陳燕心裡有了一些安慰。

「晚安。」芝本將電話擱下了。

亨利一定學習很忙，也許他有了女朋友。這一夜，陳燕又失眠了，奇怪的是，眼前閃出芝本雄男穩重而成熟的面龐。他像山口百惠的丈夫，尤其是那迷人的眼神。

記得第一次去公司面試，芝本有些傲慢，那時陳燕心情特別低落，沒有注意到他長得怎麼樣。

第二天，她一覺睡到十點鐘，覺得精神多了。今天不用六點鐘趕出去，擠新幹線了，不用幹每天千篇一律的活。在公司她雖然不多言，同事對她還算客氣，可是她還是感到有些壓抑，心裡有許多話沒人傾述。以前她可以隨心所欲發脾氣，現在不行了。經歷了結婚、離婚後，她開始冷靜地審度自己的人生之路。

這天過得很愉快，收拾一下房間，買了許多愛吃的水果，冰琪淋。

吃完晚飯，看電視裡播放的紅白歌手大獎賽節目。她是個歌迷，最愛聽鄧麗君的「愛人」、「我只在乎你」的歌。

如今愛人遠在千里，在乎也沒用。電話又鈴響了，一定是亨利，今天星期五。

然而，她失望了，是芝本深沉的聲音：「晚上好，吃過飯了嗎？」

「吃完了，在看電視。」陳燕平靜地回答道。

「今天休息得好嗎？」芝本關心的口氣像大哥哥。亨利不是這樣，他老是愛說調皮話、開玩笑，他們各有情趣。

「有空出來喝咖啡，好嗎？明天我休息，連休三天，準備去哪兒玩？」

「不知道，沒人和我玩。」亨利走後，陳燕沒好好玩過，同學們都忙著上課、打工，誰也沒有閒置時間陪她一起逛市場。

「明天一起去打高爾夫球，好嗎？」

「太好了，我一直想去。」陳燕驚喜起來了，「我一次也沒去過。」

「好，今晚不用出來喝咖啡了，明天早晨六點我開車來接你。」芝本也很高興：「今晚早點睡，明天別起晚了。」

第二天清晨，芝本來了，他在樓下按了一聲汽車喇叭，陳燕飛快地奔下來，鑽進車內。

「你真像個運動員。」陳燕笑著說。今天芝本脫下了西裝，他穿著一件耐克（Nike）運動服，一條白色的滌綸褲子，顯得瀟灑、年輕。

「每天穿西裝，戴著領帶結，太拘束了。」芝本一邊開著車一邊笑對陳燕說。

我今天怎麼這樣注意他！陳燕心中泛起了一陣波浪，當芝本邁著矯健的步履朝她走來時，她感覺心有些咚咚跳。

到了高爾夫球場，芝本遞給她球棒說，「你來練習一下吧。」

「我不會，我很笨。」陳燕慌張地說。

「你很聰明，很快就能學會，來，這樣拿。」芝本站在她的側面，手把著手教她如何握球棒。當陳燕靠近了芝本胸前，她感到一陣心慌意亂。

「我……我不行。」陳燕尷尬地說。

「怎麼啦？」芝本的手輕輕地搭在她的肩上，親切地望著陳燕。

「身體稍微向右側，整個手臂用力甩出去，而不是手腕用力。」芝本舞起高爾夫球棍，將球用力朝前打去，那健美的姿態，強壯的雙臂，高高仰起那張棱角分明略帶傲慢的面龐，充滿了成熟男性的魅力，真是太美了，像箱根森林雕塑館大衛的塑像一樣。

這天陳燕那雙烏黑的雙眸又發亮了，迷人的笑靨又出現在臉上。夜裡他們坐在銀座帝國賓館咖啡廳內，兩人都動了情。

「今夜你真美，不像在公司裡那樣毫無表情。」

「你打高爾夫球的模樣像運動員，一點也不像老闆。」

「你以前很害怕我嗎？」其實芝本是個多情的男子，他才三十五歲。

「現在不害怕了。」陳燕微笑著說。

「是獨身嗎？」芝本問。

「……結婚了。」陳燕低了頭。

「愛人在哪兒？」

「在澳大利亞，回去念書了。」陳燕不能說已經離婚了。

「為什麼你不去？分居生活怎麼行。」芝本有些不解。

「我是中國護照，一時沒法去，要申請好長時間。」想起這些事，陳燕心裡有些難過，她多想痛痛快快說出來，可是不能讓公司老闆知道自己的事。

「我覺得你好像不太愉快，很憂愁，需要我幫忙的嗎？」

「沒有……」聽了芝本關切的問話，陳燕淚水再也抑不住了，她輕輕地抽泣起來。

「對不起，不應該問你這些事……別哭，有什麼事告訴我，能幫你什麼。」芝本掏出手帕遞給陳燕。

陳燕抓住了那雙溫暖而有力的手緊緊不放，她需要力量、需要愛情。芝本在她耳邊輕輕低語：「看到你傷心，我也很難過，我一定會幫你忙的。」

陳燕聽了哭得更傷心。此時此刻，她希望芝本能像亨利那樣將她摟在懷裡，男人的胸懷是溫暖的避風港，可以棲息疲憊的身軀，吸取陽剛之氣。

「今天你累了，早些回去吧。」芝本挽著陳燕的胳膊，他們像一雙親昵的戀人走出咖啡廳。到了陳燕額家門口，芝本站在樓下，目送著陳燕上樓。兩人有些依依不捨。

這一夜，陳燕的眼前盡是芝本在高爾夫球場的情景，我愛上了公司的老闆了？不可能，陳燕有些困惑。

星期一上班，她恢復了原樣，變成了拒人千里的冷美人。她多麼希望芝本能來辦公室，可是他沒來，他在總公司上班。

星期四，他終於來了，他又變成了公司老闆，陳燕覺得他們之間又有上下級的距離。又有一份檔要翻譯，陳燕露出下級對上司有禮貌的微笑，恭敬地收下了文件。

「近來身體好嗎？」芝本的目光盯著她。

「還好。」她回避了那雙充滿了熱情的雙目。

「今晚，去卡拉ＯＫ。」

「對不起，我不去。」陳燕冷冰冰地拒絕了。

「好吧。」芝本說完轉身走了。

這天陳燕回到了家，看到留守電話裡沒有亨利的留話，她失望了。

窗外傳來喇叭聲，是芝本來了，陳燕沒有喜出望外地探出身去揮手。又是一聲喇叭聲，她站立起來，走到窗前，看到轎車還在下面。

不該莫名奇妙的冷淡他，芝本沒有得罪自己；望著那輛仍停留在下面的轎車，陳燕在想。

請他上來吧，當她打開房門不由驚喜地叫了起來：「是你？」

原來是芝本已經站在門口，陳燕情不自禁像看見亨利回來一樣，忍不住像只歡樂的雲雀展開雙臂摟住了芝本的脖子。

她撒嬌地將臉貼在他的面龐，喃喃地囈語道：「對不起，讓你等在門口……」

「我不放心，特意來看你。」芝本將她摟在胸前低語著，兩人依偎著走進了屋內。

「我很寂寞，很孤單。」陳燕剛說完，眼淚就情不自禁得流了下來。

「我知道，所以特意來看你。」芝本又變成了一位多情男子，「我很喜歡你，你像山口百惠，那麼純情、可愛。」

「你結婚了嗎？」陳燕問道。

「二十五歲就結婚了，有兩個孩子。妻子是一家富士公司董事長的女兒，當年我父親要我做他家的女婿。那時我還小，從小聽父親訓言長大的……」芝本有些哀傷。他緊緊地擁抱著陳燕，彷彿在向久別重逢的戀人傾訴婚姻的不幸。

陳燕聽到了他內心的真實世界——他並不幸福。

「她很傲慢，公司百分之六十股份是她的。她掌握著公司的財政大權，公司的董事長、科長都是她手下的人。所以我決定到中國開闢新市場，有自己真正的公司。」

芝本問，「你能幫助我打進中國市場，創建新的事業。」

「我……」陳燕不能說自己已離婚了。

突然，腦海裡一個閃念，回上海幫他辦公司，幫助他成功。不行，他妻子一定會追蹤而來，如果他沒有結婚該多好。

人的初戀多數是帶著單純的情感去「愛」，為「愛」而不惜奉獻一切；而以後的戀情大多都帶著功利的現實色彩。

現在他們互相愛幕，互相需要，芝本需要陳燕為他開創新的事業，陳燕需要他獻出全部的愛，只要芝本肯離婚，陳燕才能全力以赴回上海創建新事業。但，這是不可能的，芝本絕不會放棄家庭的。

而陳燕不會再為他人作嫁衣，在日本這個講現實的社會中，她也變了。和亨利的婚姻使她成熟了，她不再是三年前充滿幻想的姑娘了。

不久兩人很快墜入了愛河，他們的倩影倒映在伊豆島波光粼粼的海面上；他們的笑語蕩漾在日光群山峻林中，他們的情話溫柔地低語在溫馨的情人旅館中。

但是他們的戀情很快被芝本夫人請的「私人偵探」發現了。在芝本去九州出差的一天，夫人面帶微笑的將陳燕請到辦公室。

她對陳燕說：「非常對不起，公司近年來不景氣，要減少人員。」她給了陳燕下一個月的工資。

陳燕拿了下個月的工資，對夫人淺淺一笑，「非常抱歉，給你添了很多麻煩。」說完轉身回到了辦公室，默默地收拾東西。

辦公室幾位小夥子對她有些依依不捨，可又無奈。一位在公司幹了十幾年的一位女獨身有些幸災樂禍，她以前想勾引老闆，沒有成功。兩位年輕女同事嫉妒陳燕和芝本老闆的關係，她們只是對對陳燕說了幾句客套的告別話。

陳燕提著大包書和資料，緩慢而沉重地走出公司大門。

回到了冷清清的屋裡，她甩下皮包趴倒在床上，放聲痛哭起來。如今什麼也沒有了，沒有芝本兄長般的關切，沒有棲息的避風港，她又回到了寒風蕭蕭的冬天。

當芝本從北海道回來，知道陳燕被解雇了，他大發雷霆。可是夫人甩出了他和陳燕倆的合影，芝本再也說不出話，他只會忍耐、沉默。

今年冬天很冷，開始下起了小雪，飄飄揚揚的雪落到地上，沒有留下一點兒痕跡就融化了。陳燕茫然地望著窗外，此時此刻，她覺得失去了一切。

這天夜裡，亨利終於來電話了，當他用上海話叫著「妹妹」時，陳燕發瘋使地喊叫起來：「亨利，我受不了，快回東京來救救我！」

亨利吃驚極了，「怎麼了，出什麼事了？」

「我想死……」陳燕絕望地哭叫著。

「別這樣，我前段時間在寫論文，給你打過幾次電話，你沒在。那麼晚去哪兒了，我不放心。有位女同學追求我，我不喜歡她，仍想著你。我幫你找一所語言學校，來澳大利亞讀書吧。」

陳燕無言地拿著電話，她有些後悔當初不應該和亨利離婚。回上海為他生個孩子，為什麼要離婚？

「你把書念完，我等你，如果你有喜愛的人，就結婚……」陳燕哽咽著再也說不下去了。

「放暑假我來看你，千萬不要胡思亂想。乖，妹妹，你這樣傷心，我也想哭了。」亨利的嗓音沙啞了。

「我覺得活著沒意思，我受不了，亨利。」陳燕淚眼望著小方桌上她和亨利的合影。

「明天我再給你來電話，媽媽來查房了。」亨利急忙說：「半夜我再來電話。」隨著電話掛斷聲，陳燕的心一下子沉了下去。

今晚不知該怎麼過，給表姐掛電話吧，撥了電話，表姐夫說，表姐去鎮江辦公司去了。剛把電話擱下，電話又鈴響了，是芝本打來的：「燕，對不起，我知道你心裡難過。可是現在我不能來看你，也許有人跟蹤我，過幾天抽空來看你。」

芝本無可奈何的說：「她不應該這樣對你……」

「我不怪你。」陳燕安慰他。

「生活費我會轉到你帳上的。我喜愛你，燕……」芝本的最後一句話輕得聽不清楚，他沒有再愛的勇氣了。

「晚安，謝謝你。」陳燕感情折磨得再也沒有力氣掙扎了；在異國他鄉，她怎麼敵得過大公司老闆的女兒，她沒有力量和優勢奪回芝本的愛。

她只是一個中國留學生，沒有地位、金錢、後臺；她像一隻弱小的在大森林裡奔跑的小鹿，怎麼能與比它強大而兇猛的動物抗爭呢？

她的愛人和戀人，一個聽從母親；一個服從妻子。他們是現實主義者，而陳燕成了愛的殉難者。唯有一條出路就是——走為上策。

在短短的幾年中，她經受了人生的大起大落，大喜大悲。她在死亡的邊緣上痛苦地掙紮著，她對人生有了深刻的醒悟，痛心的反省。

那一夜，是她一生最難忘的，經歷了地獄般的火煉。

事後她說，她真的想自殺！突然她看到了和亨利在櫻花樹下的合影，她想明年再看一眼美麗的櫻花，她活了下來……

第二年櫻花盛開的季節，她一個人漫遊在小巷深處，採下了一朵櫻花作為標本夾在日記本裡。

她把家具和亨利送給她的在迪士尼樂園買的米老鼠，送給了小姐妹，提著一隻皮箱，離開了生活了五年的東京。

離別了愛人亨利，告別了戀人芝本，飛向了太平洋的另一端——紐西蘭。

那裡也是風景美麗的島國——等待她將是什麼命運？

這是好友小姐妹的戀愛經歷，我們見過面，一位漂亮，而溫柔的上海姑娘。當年我們都祝福她幸福，沒有想到一年後會是這樣的結局。

後來聽說她回到了上海，找到了一位中國小夥子結婚生子，生活得還是很幸福。

姍姍來遲的愛

這是一個隆重的日本式婚禮，寬敞的大廳內燈光絢麗、鮮花簇擁，五彩繽紛。新婚主賓席前是一棵用翠綠色松柏葉熾成的心形圈，中間綴著五顏六色的玫瑰、百合花。

中央是一個高，寶塔形的奶油蛋糕，頂上插著銀色的蠟燭。這是新郎和新娘的席位，白色宴巾疊成兩隻仙鶴放在席位前。

下麵是幾排來賓席，親朋好友端莊地坐在穿著西裝禮服的宴席上，上面擺好了每人一套和式料理，這些造型美觀、色味相配的料理給人一種藝術美的享受。

白色的長盒子裡是第一道祝宴菜：黃色的銀杏插在一根根綠色的松針，擺放成傘形的圖案；紅豔豔似珍珠的鱈魚子配在中間，還有土黃色的海膽，這是一道營養價值最高的佳餚。

這時大廳裡響起了動聽而美妙的婚禮樂曲，隨著樂曲聲，只見白色的木雕花門慢慢地打開，來賓不約而同朝門前望去，照相機、攝影機也「喀嚓」、「喀嚓」地閃爍著。好氣派、好富貴，這情景令人眼花繚亂。

中國新娘穿著紅色底印著菊花圖案的和服，梳著高聳的左右兩邊彎曲成半扇形的髮髻，銀色的發釵爍爍發光，她羞怯地低著頭和日本新郎並排著在樂曲聲中緩緩走進大廳。

新娘對束得緊緊的和服和高跟日本履不習慣，走路有些遲緩；雙手不自然地握著一把摺扇。新娘儘管化了妝，可是看起來年齡仍比新郎偏大。她好像不太高興，臉上沒有表情，微微撅著嘴，低著頭，兩頰有點微微下垂。

聽著結婚主持人念著祝賀，新娘偶然抬起頭，但沒有一絲笑容。

這麼隆重的婚禮，應該高興呀！新郎白皙清瘦的面龐看起來比她年輕好幾歲，這樣的男人有什麼不滿意的？上海姑娘人嫁給日本男子，能有幾個是這樣辦婚禮的？

第一道進場儀式結束了，新郎新娘退出大廳，去換新的禮服。來賓可以一邊欣賞桌前擺式美觀的日本料理，一邊用餐了。

約過了二十分鐘，樂曲又響了起來，大門緩緩打開，一陣讚歎聲。新娘雙手捧著一簇紅玫瑰，穿著一身潔白的鑲著粉紅色花邊曳地紗裙，頭上戴著長長的白色披紗。這身紗裙使新娘看上去顯得比剛才優雅而飄灑，新娘有了一絲微笑，不像剛才那樣老氣橫秋。

新郎穿一套黑色燕尾服，白色襯衫配著黑白相間的領帶，衣領上配著一束銀色絲帶紮的白玫瑰花，神采奕奕、風度翩翩。雖說不上英俊，五官端正，只是雙唇緊緊地抿著。

這時大廳內的燈光關閉，新娘拿著一根很長的點蠟棒，點燃了放在宴席上鮮花叢中的一圈蠟燭。最後點亮了主賓桌前大蛋糕上的蠟燭，和新婚席上一排列成心字形的蠟燭。這一支支象徵愛情之花的蠟燭，在大廳閃耀著，燃燒著，大廳裡響起了一陣陣鼓掌聲。

來賓們紛紛舉杯向新婚夫婦頻頻祝福！真是春意融融，熱鬧非凡，大家為這對不同國籍的新婚夫婦攝下了美好的倩影。

婚禮結束，來賓和新婚夫婦分別在大廳外拍照合影，然後陸續告別離去。新郎的姐夫和母親，新郎的證婚人，他們一群人餘興未盡要去酒店唱歌。新郎姐姐客氣的說，家很遠要趕回去了，太晚了沒有車。這位滿面笑容約五十多歲典型的家庭主婦姐姐，分別向大家鞠了躬；她最後走到新娘面前微笑著說，「先走一步，祝你們新婚愉快！」

新娘的表情有些尷尬，但她仍裝出笑容，鞠躬還禮。

這時新郎母親說，她不習慣卡拉ＯＫ的吵鬧聲，「你們去玩吧，我先回去準備一下茶水、糕點。」

新娘的妹妹、妹夫和兩位專程從上海趕來參加婚禮的哥哥、結婚介紹人、證婚人餘興未減，分別坐上轎車，駛向已訂好的卡拉ＯＫ去唱歌。

一路上，新娘仍是悶悶不樂，坐在旁邊的妹妹埋怨道：「你怎麼啦？一直板著臉。」

「看見他姐姐那副面孔，心裡就來氣。要不是他追得緊，我真不想這麼快就結婚，好像我嫁不出去。」

「她說什麼啦？」朋友問道。

「她說，才認識幾個月就要結婚，中國姑娘我們不瞭解。護照要過期了，就纏著我弟弟結婚。」新娘越說越氣。

「其實我還能簽證，只是專科學校太遠了，又要付幾十萬學費。他勸我別去，把工作辭了趕快結婚。可是他母親、姐姐老是用懷疑的目光來看我，真叫我生氣！」

「我是看他老實，才和他結婚的。」新娘又用上海話對新郎說。新郎也不知道她氣呼呼說什麼，當他知道了新娘仍在生他姐姐的氣，他勸說道：「還在生氣，不要和她一般見識，你又不是和她結婚。」

新郎一張嘴，前面一粒顆門牙很明顯地向外突出，難怪婚禮上一直緊緊抿著嘴。婚前新娘一定要等他把牙修整齊才結婚，可是要等半年，新郎不願意。

「我心裡憋著氣，怎麼能高興。」

「行啦，你也不想想自己的年齡，能找到村田很不錯了，還憋什麼氣。誰叫你是中國人，國家窮總要被人家看不起。」妹妹早在兩年前就與日本人結了婚，已經有一個孩子，每天帶孩子，沒上班，日子過得很平常。

聽了妹妹的話，新娘不再說什麼了。是呀，能夠走到這一步不容易，來日本三年，為了能在日本呆下去，找個理想的日本人，蜀道難，難於上青天。

她今年三十八歲了，長得不難看，五官端正，只是面龐的皮膚過早鬆弛了，看起來有些老相。班裡一位要好的同學直言不諱開玩笑的說：「看見你，彷彿就看見我慈祥的外婆。你去美容，抹些中國產的神奇美容露，皮膚就不鬆弛了。」

「其實你不老，面相很富貴，這面相到了五十歲也不會變，像富貴雍容的香港太太。」同學開玩笑的說。

其實她心裡明白，自己不年輕了，皮膚鬆了，皺紋也不少，抹了不少珍珠霜和美容霜，仍不奏效。行了，雖然臉老相了點，以前算過命，說她婚後有財運。眼看快到四十歲了，意中人也沒有。像她這樣大齡女子，在國內也很困難，女人過了三十，不是一枝花了。何況日本男人喜歡漂亮的中國姑娘，自己一不年輕，二不漂亮，三又沒有專長，確實很難找。

語言學校兩年畢業後，和同班三位女生一起考了專門學校，離東京往返坐車要三個多小時。不到幾個月，只剩下她仍堅持每天去學校。其餘三位女同學，一位被日本風流男子追求，準備結婚。一位在辦養子、一位搞工作簽證。

唯有她既沒有人追求，又沒有別的簽證辦法，真是心急如焚，只好堅持天天去學校，保持百分之九十出勤率，才能再有一年的簽證。

年齡一年年大了，自己學歷不高，沒有專業基礎，每天學習電子電腦，經營管理學科、秘書、這些專用術語弄得她頭昏腦脹。一年學費八十萬左右，這些錢都是打工幸苦掙來的，每天學習八小時，掙來的錢剛好支付房費、學費等生活費。

怎麼辦？不交學費就沒有簽證，交了學費不去上學也沒有簽證，每天懷著矛盾的、焦慮的心情去學校。下了課匆匆回家換了衣服，隨便吃點東西，又趕到新宿一家的中華料理店打工。

熱心的親戚幫他找了一位在郊區的未婚男人，雖然是小店主，經濟條件還不錯。可是見了一面，嚇了一跳，矮得像「武大郎」，土得掉渣，傻得冒煙。

後來同學又幫她找了一位建築工地的工人，工資每月有五十萬日元，是獨身。可是一見面，把她嚇了一跳，那人穿著一件皺巴巴的襯衫，滿臉橫肉，整個面孔布滿了青春疙瘩，一雙凸出的像金魚眼布滿血絲，臉皮黑灰，嘴唇發紫，這是心肝不好和酗酒過度的原因。

他們出去玩了一次，她皺著眉和那人相隔幾步，她怕碰到同學。接觸一次，她決定不談了，雖然那人工資較多，可是每天喝酒到半夜，身邊沒一分錢儲蓄，每月四、五十萬都花在酒店裡。

結了婚每天還去酒店，怎麼能和他在一起生活呢？與其和他一起過窮日子，還不如自己一個人拚命幹二、三年，也能積幾百萬，回國過日子還是可以的。

就在她回絕他的第三天，同學突然來電話告訴她，那個建築工人昨天突然死了。她驚訝不已，怎麼回事？原來他酗酒到天亮，走在路上，突然腦溢血一下子死了，正好倒在警察局的門口。

他身無分文，也沒有銀行存款，唯有生命保險。

同學開玩笑地說：「如果你和他結婚了，生命保險就有一千多萬，可以發大財了。」

她有些生氣地說：「我才不稀罕一千多萬，一千萬買個寡婦名不值得？」她暗自慶幸，還好沒有和他相處下去。這樣的獨身，幾十年一貫的生活習慣，結了婚也不會改。

在日本留過學的中國女孩子知道日本男人的生活習慣，所以她們不會輕易和這樣的男人結婚的。

她愛情史仍是一片空白，至今沒有一位男人追求她。她常常引以為傲的資本是「我雖然是獨身，還是處女。」她很自信，如果這樣說了日本男人一定會感動。

她的知心朋友聽了哈哈大笑起來，笑得她莫名其妙：「幹嘛笑？我沒有和任何一個男人亂搞過，保持清白，不好嗎？」

「如果你遇到喜歡的日本男人，千萬不要說自己是處女。」朋友認真的告訴她。

「為什麼？」她詫異的睜大了眼睛問。

「快四十歲的女人仍守身如玉，會把日本男人嚇跑的。他們不會認為你守身如玉是高尚的情操，相反會認為你沒有一點女性的魅力，吸引不了男人；或者你是古怪、孤僻的女人。」

她這才恍然大悟，說得有些道理，時代不同觀念也不一樣，何況在日本。是呀，日本男人並不講究女人的年齡，他們喜歡的是女人的溫情和魅力。

班裡一位三十多歲，已經結婚了同學，被一位擁有幾億財產，四十多歲的日本老闆的追求。那位同學一顰一笑很迷人，尤其用一口流利的日語說著俏皮話使男人捧腹大笑。

她不得不承認自己有點僵化、保守，必須改變，才能增加魅力。從此，她變得善於交談了。她身材不錯，穿著合適的套裝化了妝，也有点風韻。

一次，一家大公司來飯店開忘年會，知道她是中國人，於是老闆請她唱一首中國歌，這一唱，大家驚愕了，她唱了一首：夜來香。她的嗓子像鄧麗君一樣，那麼好聽，大家一陣喝彩！

終於，她從被愛情遺忘的角落裡走了出來，一位公司的日本男人悄悄注意她了，愛情之神漸漸向她走來。他不拘言笑，戴著一副眼鏡抿著嘴獨自靜靜地聽著歌，他年少白頭，看起來有些學問。他叫村田，是一家建築承包公司的負責人，每月五十多萬工資，還是獨身，三十九歲。

正是「踏破鐵鞋無覓處，得來全不費功夫。」上帝憐她年華已逝，愛神走進了她身邊。她主動「進攻」了，在他面前，她含情脈脈，不再整天板著面孔。

上次知心朋友說她的一番話，雖說不太中聽，卻是一副良藥。

來日本三年了，她知道日本男人的性格，他們勞累了一天，來居酒家喝喝酒，解解悶，誰也不願意看到冷若冰霜的面孔；滿面春風才能使他們勞累、煩惱的心境得到滿足。

她看到他又來了，她熱情招待，唱起她最拿手的日本歌曲〈倆人的酒店〉、〈暮年〉。唱完後，她發現他平淡的臉上有了笑容，他使勁地鼓掌，好一個「開門紅」，她有了自信。

一位日本同事開玩笑的對他們說：「你們倆都是獨身，我來介紹你們談朋友吧。」

本來這是同事酒後的一句玩笑話，沒想到當真應了驗，說者無心，聽者有意，兩人的目光不約而同相視了幾秒鐘，又迅速地閃開。

村田的目光給了她信心，從他略帶微笑的臉上看到了「我喜歡你」這句話。

於是她主動約他去公園散步，去妹妹家吃中華料理，去淺草看祭日焰火。經過幾次接觸後，她很喜歡村田。

雖說他有些少白頭，染一下就看不出來了；他的門牙向外斜，去醫院修正一下就可以了。這兩個缺點彌補了，村田看上去還是很神氣的，難怪一位朋友看了他們合影後，竟說她像村田的母親，她聽了差點昏過去。

賈慧非常高興，終於找到了稱心如意比自己年輕、有技術、工資又高的獨身日本男人。萬事俱備，只欠東風。在村田上司熱情的撮合下，他們相識半年後，就准備結婚了。

賈慧搬進了村田十幾年前在東京近郊買的小樓房裡，和他母親一起居住，雖說離東京遠了些，但從新宿開車只需一個小時。村田有轎車，雖說不是名牌也要一百多萬日元，他們不用再儲錢買房子、買車了，她嫁給了一位條件比較好的日本人。

不料，婚前鬧出了一場風波，村田的姐姐是沒有多少文化的鄉下婦女，在鄉下開一家拉麵店，生活過得去。姐姐對弟弟找了一位外國人做妻子很反感，她擔心這位外國媳婦奪了她母親的財產，所以一直在弟弟面前挑撥：要小心！她沒有簽證才和你結婚的。

在婚前的幾次見面中，她冷嘲熱諷；賈慧當眾板下臉，鬧得不歡而散。后來村田姐姐說，我不參加婚禮了！

在母親的勸說下才勉強過來，所以賈慧在婚禮場上看到村田的姐姐不冷不熱的神情，她怎麼也高興不起來。

隆重而華麗的婚禮結束了，他們將開始了新的生活。然而，日常生活不像婚禮那麼充滿了色彩，等待這對新婚夫婦的將是什麼狀況呢？

果然，新婚不久，一波未息，一波又起。

在日本，條件較好的家庭基本上都反對子女找外國姑娘做媳婦，日本人擔心財產將來被外國新娘奪走。

一位年輕美貌的中國姑娘，被一位不動產大老闆的兒子拚命追求；男孩每天去學校等女孩，母親極力反對，如果要和女孩結婚，就斷絕母子關係。已陷入愛欲中的兒子仍不屈服，每天傍晚在女孩住的樓梯下等著她，哭求著一定要和她好。中國女孩由於他母親對她的輕蔑，自尊心受到很大的傷害，她毅然斷絕了他們的愛情。

眼前的新娘賈慧，雖然沒有遭到公婆的極力反對，可是鄉下婆婆對中國新娘也是責難與挑剔，賈慧精心地做好一頓豐盛的午餐，婆婆不滿意的說：「這菜怎麼放這麼多油，我吃不下去。」

「拌黃瓜怎麼能放糖？」

賈慧一直忍了，為了新婚家庭的和諧，為了使自己成為真正的日本人妻子。一天，她倔強的性格終於爆發了！那天，她做好了中國料理幾次叫婆婆吃飯，婆婆仍坐著不動。

賈慧忍不住說了一句，「我很辛苦的服侍你，可是你沒一句好話，就看我是中國人，我沒比你兒子差。」忍了幾個月的中國媳婦開始「反擊」了。

婆婆沒有發火，不緊不慢地說：「我並沒看不起你啊，是你自己這樣想的。」

「不要以為我不知道，婚前他姐姐攻擊我，現在你又不滿意我。是你兒子追著我快結婚的；沒有我，你兒子還是獨身，你不知道什麼時候能抱孫子呢。」

聽了中國媳婦刻薄的語言，婆婆氣得半天說不出一句話，沒想到媳婦這麼厲害。她不甘心被新上門的異國媳婦擊敗。她氣呼呼地打電話給女兒，說中國媳婦和她吵架。

女兒正等著這根導火線，今天終於點燃了，她開著車急匆匆趕來，家庭大戰開始了！開拉麵店潑辣的姐姐，對這位在酒店裡幹的弟媳婦本來就有成見，當她看到家中新蓋的房子將屬於這位外國人，心裡更是憤憤不平。

今天母親向她求援，真是她發洩的好機會，一定給這個中國媳婦一個下馬威。

沒想到她一進門，中國媳婦橫眉冷對問她：「來幹什麼？」

「這是我的家。」姐姐氣衝衝地說。

「我是這裡的主婦，你一個出嫁的大姑子，算老幾。」中國媳婦反駁道。

「你想奪我們的家產，趁機勾引我弟弟，想要簽證，留要在日本是嗎？」

「你嘴乾淨點，你血口噴人！」媳婦由於會說日語，所以她也不怕！

「別吵了。」老實巴腳的村田在旁急叫起來。

婆婆看到女兒和媳婦動起真的，有些害怕，她是老一代守舊的日本婦人，被鄰居聽見了影響不好，於是她拉住女兒：「好了，別和她費口舌。」

正在火頭上的村田姐姐哪裡聽得進母親的話，她衝上樓，扭住敢和她頂嘴的中國媳婦。

「不許你上來。」賈慧擋在樓梯口。

姐姐差點沒被她推下樓，她氣得揮起了手掌，一個巴掌打在弟媳婦臉上。這下弟媳婦忍不住了，她脫下一隻高跟鞋，朝姐姐頭上打去。於是一場混戰開始，一隻凳子被姐姐從樓上丟了下來。

「這是我們夫妻倆的事，你不要來管。」村田看不慣姐姐的行為，他拉住了姐姐。姐姐恨弟弟護著媳婦，夫妻倆聯合起來對付她，她不由傷心的哭了起來。於是哭叫聲，謾罵聲鬧成一團，好不熱鬧。

姐姐想不能這樣就打敗，她轉身打報警電話。不一會警司廳的警車「嘟嘟」地開來了，鄰居以為發生了盜竊或殺人案都湧到他們家門口……

警司廳的警官一看是家庭糾紛，沒出人命，他們聳聳肩說，你們自己處理吧，警車開走了。

婚後三個月的家庭大戰後，結果是，中國媳婦一氣之下住到東京妹妹家裡。

言語不多的村田還是喜歡妻子的，他擔心性格倔強，嘴不饒人的中國媳婦，一時想不開回中國了，雞飛蛋打這下可慘了。

年近四十的他，好不容易找到妻子，他不想讓三個女人之間的矛盾再擴大，他決定放棄新建的樓房，採取了「走為上策」的緩兵之計，他好言相勸將賈慧勸回了家。

一切從新開始，他們在池袋附近租了一間房，每月十萬日元，花了工資的四分之一。家具沒有搬來，重新買了冰箱、電視機和簡單的家具，開始夫妻倆獨居的婚後生活。

現在雖然少了婆婆、姐姐之間的矛盾，可是出現了經濟危機，和村田一起投資的朋友逃走了，將完成的工地建築款獨吞了。連續幾個月，村田沒有收入，連以前借給那位老闆的幾百萬日元也要不回來。

賈慧每天為丈夫要債的事焦慮不安。為了幫助丈夫度過難關，維持每月三十多萬日元的生活費用，她去了一家咖啡店工作，每月掙十幾萬日，但她將錢存在自己的銀行卡上，每月開銷用丈夫以前的儲蓄。

不久他們有了一位可愛的女兒，不惑之年，喜得千金，夫妻愛如掌上明珠。女兒長得很漂亮，村田一手設計圖紙，一手還將女兒抱在懷裡，喜歡得整天笑呵呵的。

婆婆自從兒子搬走後，一人住在郊區的樓房裡，非常寂寞。想想過去自己對媳婦的態度，有些後悔，如今有了孫女，好生喜歡，有時拎些禮品送給兒媳婦。

嫉妒的姐姐看弟弟夫婦生活很和諧，又有了女兒，覺得再鬧下去也沒趣，幾次請弟弟來鄉下來作客。

賈慧在婚前找郎君千辛萬苦，婚後鬧出了一場驚動了警司廳的「家庭大戰」。但是感到欣慰的是老實、忠厚的丈夫對她不錯，每月將工資如數交給她。

他們在鄉下有新樓房，小轎車，她還是很幸運的。

她相信當年算命先生的話：「你的愛情雖然姍姍來遲，但是後半生是有福氣的。」

我和她失去了聯繫已經有二十幾年了，我還是很想念她。她是我語言學校的同學。當年我還參加了她隆重的婚禮，我們一起拍了合影照。

現在日本經濟不景氣，也沒有很多工地的話要幹，不知道她愛人的工作怎麼樣？她現在過得怎麼樣？女兒也長大了，應該念中學了。

擱淺的小舟

一輛「賓士」轎車飛速地行駛在通向富士山的高速公路上，車開得很快，「嗒、嗒」的警鈴發出清脆而有節奏的聲響。開車的是一位五十多歲的日本男子，面容和善，戴著一副深度近視眼鏡。

他不時地看了看坐在身邊的嬌豔姑娘，他的中國戀人，何雯小姐。她穿了一件白色絨大衣，躺在座位上閉目養神。

為了坐得舒服，她將座位往後拉了一點，後面的空間很窄，後座的三位姑娘只好縮著雙腳，擁擠地坐在一起，她們是何雯的女友。

男子皺起了眉，他終於說話了：「你把座位放直了，後面坐得太擠了！」

何雯慢慢地睜開了美麗的丹鳳眼，斜著頭問她們：「不要緊吧？」

「不要緊，沒關係。」朋友回答說，她們覺得有幸坐著「賓馬」去有名的旅遊勝地富士山滑雪，還講究什麼。

「不要緊，你躺著吧。」一位朋友客氣地說。

何雯又閉目養神，舒坦地仰躺著。

男子又一次開口了，口氣有點嚴厲：「把座位朝前拉一下。」

「她們說不擠！」何雯微微皺起兩條柳眉，仍然沒有動一下。

氣氛有點緊張，一路上大家不再閒聊，三個姑娘昨天半夜才睡覺，今天清晨六點起來，此刻坐在開著暖氣的轎車裡，有些暈沉沉的，不由打起了瞌睡。

開車的日本男人是一家私人診所的醫生，日本最有錢的職業：一是律師、二是醫生、三是會計，所以他很富有。私人診所開了十幾年，現在在東京擁有兩幢公寓和富士山下的一棟別墅。那是十年前花了三千萬日元買的，現在東京地價猛漲，他的房產價值幾億日元。

他一年兩次到輕井度假，夏天群山煙霧繚繞，翠綠覆蓋，是理想的避暑勝地。冬天去滑雪，山不高，也成為日本有名的天然滑雪場。

車行駛了三個多小時，開進了一條彎曲的山道。這是東京有名的別墅山莊，白雪覆蓋的松柏林，一幢幢造型美觀的別墅隱在山峰中。

車停了，大家走了出來，深深地吸了一口山林中清涼的空氣，伸了伸麻木的雙腳。

「好漂亮，第一次到日本的別墅來玩。」何雯的一位朋友高興地跳了起來。

這是一幢三層樓的日本式建築，底樓是車庫和倉庫；二樓是廚房和會客室，二樓半是兩間各朝南北的寢室。大家將帶來的食品和備用品拿了出來，何雯把去年放在倉庫裡的滑雪鞋、手套和兩副雪撬取了出來。

別墅管理員前幾天就接到電話，已經將電燈、煤氣檢查了一遍，現在馬上可以用了。房間裡開了暖氣，暖洋洋的很舒適。何雯將東京帶來的菜、肉、魚等放到冰箱裡，開始做晚餐。

她是一位利索能幹，喜歡打扮的少婦。三十五歲，看上去像二十八歲左右。雖然皮膚不太白皙，有些黑裡俏，但是長得清秀、可愛，尤其是一雙鳳眼很迷人。去年離了婚，愛人也在東京，有一個兩歲的男孩。

為什麼要離婚？說起這段婚姻不由怨氣上升，她說，愛人不讓我花錢，我發了工資，他就將錢包裡的錢都拿光，自己掙的錢，為什麼不能用？

使她傷心的是，有一次走在路上不小心，愛人站在旁邊竟不拉她起來。後來丈夫發現她在酒店常和日本人出去吃飯、兜風，丈夫大發雷霆，於是爭吵不斷。

早就想離婚，就是想到不滿兩歲可愛的兒子，下不了決心。丈夫不同意把孩子給她，她想要孩子，離婚協議拖了一年之久。終於，她狠下了心，將孩子判給了丈夫。

後來何雯認識了B君，雖然他們之間的年齡相差二十多歲，B君長得不英俊，一付厚厚的眼鏡架在臉上，可是他有錢也會體貼她。

何雯雖然有些不滿意，可是搬進了B君豪華的公寓裡，她感到太幸福了！就是公寓很大，她很寂寞，B君一星期才來一次。有時何雯就約和同班的好友一起住，倆人可以聊聊天。

沒結婚前，B君不給她生活費，B君為她買了很多時髦的衣服。何雯一年四季套裝約有三十多套，掛滿了衣櫥。由於沒有結婚，何雯每天仍要去專科學校上課，晚上去銀座高級酒店打工。

B君經常帶她去名勝古跡遊玩，今天已是第三次來富士山玩。

何雯不一會兒將菜燒好了：菠菜炒香菇、涼拌黃瓜、八寶菜、麻婆豆腐。

大家圍在長方形的餐桌上喝著啤酒和威士卡，大家說笑著，暖洋洋的房間蕩漾著一股春意。飯後，大家餘興未減，四個女人圍在一起打起了撲克牌。

B君由於開車累了，先到二樓去休息了。

第二天，晨光透過白色窗簾射進房間，女友起來後發現何雯已經做好了早點。

「B君找到你，有福氣啊！」朋友讚揚她說。

她驕傲地對女友說，「B君是有地位的日本人，他不會隨便挑一個女人做妻子的，他對我考慮了許久才做出決定的。他以前的妻子也見過我，說我文靜有修養，還送給我一條金項鍊。他們早就想離婚，可是為了孩子，一直等到孩子大學畢業後才離了婚。」

「看上去你像嬌小姐，不會幹活。」女友說。

「上次我來這裡，整整花了一天時間，將這裡打掃得乾乾淨淨。他驚奇地說，沒想到你那麼能幹！他也以為我是只坐在沙發上給他們斟酒的小姐。阿拉上海姑娘啥人不會做家務，就是命運不好，到日本來打工。」

她對自己不幸的婚姻有些傷感，想起一年沒見面的孩子，她的心就隱隱作痛。去年回上海想見孩子一面，怒氣未消的丈夫沒讓她見，她傷心欲絕。

他們上午先去滑雪，何雯穿著沉重的滑雪鞋，不太好走路，從停車場山下到半山腰一路，都是B君幫她扛雪著撬。由於天氣冷，她的手凍得不好使喚，他蹲在地上幫她系上鞋帶。

朋友看了羨慕地說：「快結婚吧，雖然他年齡大了些，可是心很善良，又很關心你，還等什麼？」

何雯笑了笑：「等我護照快到期再說吧。」朋友們笑了，知道她還想簽證沒有過期前，繼續覓尋一位比B君更理想的男人。

富士山一行，大家玩得非常愉快，女友都說，B君是一位有修養，通情達理的日本男人。

旅遊回來後，朋友們非常關心何雯的婚事，希望她和B君早些結婚，免得夜長夢多。雖然他們年齡相差很多，可她也不是妙齡少女了，不必要求過高。何況是外國人，到了國外身價不免要下降一些。

留學生中有這樣的流行語：「物以出國為貴，人以出國為賤。」

一天清晨，何雯突然打電話給朋友，沒說幾句就傷心地哭了起來。

「出了什麼事，告訴我，我們一起商量。」朋友著急地問。

「B君要趕我出公寓。」她抽泣地哭泣起來。

「為什麼？」

「他說我不愛他，和別的男人好。」

「他怎麼知道你和別的男人好？」朋友知道何還有一位喜歡的戀人，是位英俊瀟灑的歌唱家。她很愛他，但是不能結婚，因為他有妻兒，又是一位風流才子。

生活並不完全合每人的心願，何雯是不受傳統思想束縛，感情豐富、多愁善感的女子，這性格的二重性，常常使她陷入困境，在愛的欲火中渴望著、掙扎著。

她喜歡B君長兄般的真摯，但沒有愛情，就這樣懷著矛盾而不安的心情和B君保持著情人的關係。

原來一位和她要好的女友嫉妒她，向B君「告密」：「何雯有許多男朋友，她和其他日本人也很好。」

B君驚異了、憤怒了，他不能忍受何雯對他的欺騙，於是叫她三天內搬出公寓！

何雯也很氣憤了，我沒有和你結婚，為什麼要限制我的行動？難道我是個招手即來，揮手即去的女人嗎？在這一年裡，我沒有拿過你一分錢，要我走就走，沒那麼容易。

你必須幫我再租一套房子，我才走。爭吵的日子，何雯每天流著辛酸的淚，看著照片上的孩子，心裡默默地想：會叫媽媽了，可是媽媽不在你身邊，對不起……長大了不要恨媽媽。你爸爸一定說，我在東京拋棄了你，過著舒服的日子，現在媽媽要被人家趕出家門了。

B君，你好狠心，平日對我細心體貼，聽到閒言碎語，翻臉就變，真沒良心！我和你生活了一年，現在就這樣灰溜溜搬出去？

多少個不眠之夜，淚灑枕巾；她削瘦了，臉色失去了昔日的光澤。後來經過很多次的協商、哭訴，B君終於同意讓她繼續住下去，但是他不再來了。

何雯的護照快過期了，又要交幾十萬學費，她沒有餘錢。她的工資買了高級的衣服和化妝品，又給了孩子的扶養費。

丈夫與孩子離她遠去，B君也不來了，歌唱家也和她分手了；她不明白為什麼在異國他鄉會那麼慘……

最後，她決定去婚姻介紹所，去了池袋一家專門國際婚姻介紹所後，她失望了。到那裡登記的日本男子沒幾個像B君那樣有錢、有學問，看來還是B君的條件好。她有些後悔了，她決定和解。

幾個月沒和何雯相見的B君，心裡一直在生氣，他氣何雯不忠，沒結婚就不守分，結婚後怎麼辦？他是個離過一次婚的男人，不希望第二次婚姻再失敗，所以他必須謹慎考慮後半生的人生。

可是他又按捺不住想何雯的衝動，一天，當他踏進公寓時，看到何雯孤獨地躺在床上。望著她含情、悲哀的淚眼，君子懷春之情油然上升，他忍不住擁抱著她低語道：「原諒我，因為我愛你，所以不允許別的男人碰你！」

孤獨數月的何雯又看到B君兄長般的面龐，聽到B君喃喃的自責，忍不住放聲地痛哭起來。此時此刻，她感覺自己就像一頁飄蕩在汪洋中的小舟，終於看到前面的小島。這小島是否荒蕪，是否能生存下去？無須再考慮，就是不要讓小舟翻倒在洶湧的大海裡。

不知哭泣了多久，她無力地靠在B君的手臂上。B君望著她憔悴的面龐，心裡泛起了一陣愛憐，輕輕地擦乾了她的淚水，慢慢地捧起她的面龐，深情地說：「我們結婚吧……」

何雯沉默了一會，嘴邊露出一絲微笑，無力地點了點頭。

床前那盞能調節燈光的義大利陶瓷檯燈，又閃出了微藍色神祕而柔和的光。

這只飄蕩的小舟，擱淺在櫻花盛開的島國。

何雯那雙丹鳳眼又開始脈脈含笑了，她辭去了銀座的工作，忙碌著結婚的嫁妝。

B君特意陪她去「三越」百貨商店買了一顆價值七十萬的鑽石金戒指，這顆象徵著愛情的結婚紀念戒指照得何雯的雙眸光彩奪目，她高興得馬上戴上它。

店裡的營業員笑盈盈地說：「戴著新娘手中非常相配。」然而，B君卻沒把取物單交給她，說要等結婚的那天，親自給你戴上。

何雯興奮的心立即籠罩了一層陰影，原來B君還是不相信她？好像她會拿了價值一百多元的鑽石戒指逃走。她的自尊心受到傷害，此事她一直耿耿於懷，這陰影一直籠罩在她婚後的生活中。

和B君回上海一次，她的一身品牌衣服和打扮，親朋好友很是羨慕。何雯並沒有陶醉其中，今後的路還很艱辛、曲折，婚前發生的一連串事使她變得很謹慎。

B君為她買了一套一千多萬日元的公寓，家人和親戚熱鬧地慶祝了一番，每人都有一份禮物。然而，有誰知道她在東京的孤獨呢？

回到東京後，B君每月給她二十五萬日元，這是每月的水電費、生活費和她的零用錢，拿到B君生活費，何雯露出一絲苦笑：我以前每月工作也要拿到四十多萬日元，可那是自己掙來的，看來，別人的恩賜是不好拿的。

她無論怎樣省著用，每月也只能省下五萬日元；而B君有幾億日元的家財，從來沒把存摺暗號告訴她。他根本就不信任我，沒把我當妻子，當一個看家的傭人！

才給我二十五萬日元，這是一個普通留學生每月都能掙的錢，她不滿足。她要為今後的生活打算，因為她嘗到過B君說變就變的心態，萬一以後離了婚，豈不是人財兩空。

B君看她在家閒著沒有事幹，就叫她彈鋼琴，學開汽車；她哪有這份閒情雅致坐在鋼琴前練琴。現在生活雖然安寧了，不用再去學校上課，不用為一年一次的簽證而發愁，可是她的內心並沒有得到一絲安寧。

女人有了經濟地位，才能獨立自主，這條基本原理，每個來日本的中國姑娘都能深刻領會其含意。

「我要工作！待在家裡太寂寞了，」她不止一次地和他說。

「待在家裡不是很好嗎，練練鋼琴、看看電視，去逛逛商店，找女友玩玩。」

「別人都上學、上班，誰有空呀。你要到晚上才回來，日本電視節目又沒趣，野球、相撲我不喜歡看，真煩人……」她開始撒嬌，一定要說服他讓她去工作，這樣自己才能有存點錢。

「讓我考慮一下吧，池袋有個門面要出租，開個店，你能行嗎？」B君被她軟磨硬泡，只好妥協。

「不會慢慢學，我也想學學做生意。」

「好吧，我去瞭解一下。」沒過多久，在池袋「陽光大廈」附近的一家大樓裡出現了一家新開張的服裝店。何雯成了這家門面不大的老闆，然而，由於池袋這一帶商店鱗次櫛比，新開的店沒有什麼特色，維持了一年左右就關閉了。

雖然服裝店不景氣，但每月的營業額要比B君交給她的生活費多，自己可以積一些私房錢。所以何雯仍不放棄繼續要找工作，後來她又在B君姐姐開的飯店工作，雖然勞累，但是每月的工資是屬於自己的。

漸漸的，B君也失去了新婚時的新鮮感，他每天很晚回來。何雯懷疑他有了新戀人，近來他不太滿意何雯，常說以前的妻子如何好。

有時她想離開B君，但是，現在住的公寓，開的轎車，去美容院美容，十萬零用錢都是B君給的。

兩年裡，雖然她在生活上過得很舒服，但是在精神上很苦惱。傍晚，從丈夫開的中華物產商店工作回到家，丈夫還沒有回來，她感到很寂寞。以前她性格活潑、熱情，很喜歡交朋友。心情不好時給朋友打電話，講述結婚後的種種苦惱，電話成了她消遣時光、排除寂寞的工具。

一天，丈夫提前回來，她正在打電話，沒有和丈夫打招呼，也沒給他泡一杯茶；丈夫心裡不悅，也沒有吱聲，脫了西裝坐在沙發上看報。

何雯見丈夫沒說什麼，仍然打電話，她越說越來勁，說到高興時忍不住放聲大笑起來，丈夫終於發火了，下了通令：「以後不要這樣給朋友打電話，你已經結婚了，沒有必要和中國人再交往！」

「我打電話的權力也沒有了？」他們第一次爭吵起來。

後來何雯在丈夫回來之前，不打電話，並不是怕他，因為馬上又要簽證了。剛結婚時，每隔半年簽一次，兩年後是一年簽一次；每次去入管局，心裡就有一股說不出的滋味，如果不要簽證，我就自由了，現在他是我的上帝！

休息天待在家裡很無聊，想去同學家玩，可是他們都不在家，上學和打工去了。有時她很懷念語言學校時的生活，和朋友玩通宵也沒有人管，雖然生活艱難，可是很自由。

同學的丈夫是中國人，什麼都會幹，大家一起過年，說說笑笑的，吃著他包的中國餃子和八寶飯，然後一起去卡拉ＯＫ唱中國歌，她結婚後，沒有像那次過年快活過。

回到公寓，覺得冷嗖嗖的寒氣向她襲來，頓時感到沒精打采。

這些日子丈夫很晚回來，有一次，他說在酒店認識一位可愛的南京姑娘，說要帶她到家裡來玩，也許丈夫並沒有壞意，可是她不能忍受。

我給同學多打幾個電話都不允許，他對認識不久的姑娘那麼熱情，還要帶到家裡來玩。

一天，丈夫真的帶著姑娘來家裡了，姑娘二十四歲，漂亮、可愛，丈夫對她很殷勤，何雯心裡說不出的嫉妒。

自己在家打電話都心有餘悸，如果帶喜歡的異性朋友來家玩，肯定要大發雷霆。而丈夫與高采烈帶喜歡的姑娘來家裡，她不能發火；她是妻子，可是她沒有平等的權力。這一夜，她又失眠了，他是真正的主人，自己是名義上的妻子。

不能再這樣下去了，我要自由！她內心在吶喊：我要離婚！不行，離了婚沒有簽證，只有回國了。我已經三十七歲了，回國能幹什麼？沒有技術專長，雖說存了一些錢，可不能像在日本那樣生活。

不回國，黑下來打幾年工，也不行；太沒有面子了，親朋好友都知道自己找了一位有錢的老闆，怎麼又離婚了。可是她實在不能忍受沒有自由的生活，她覺得自己就是易蔔生筆下的「娜拉」。

丈夫是有教養，有身分的人，在日常生活中是很照顧她；但是兩國的文化和歷史的差異、年齡上的差異，夫妻生活越來越有隔閡。經過幾個月的深思熟慮，她終於決定離婚——這條擱淺的小舟要衝出淺灘，向大海駛去。

丈夫沒有勉強，他通情達理，陪她到入管局去簽了三年簽證；這樣她可以在三年內留在日本，可以打工，可以自由的到中國。丈夫留給她上海一套商品房，離別時，丈夫對她說，以後有什麼事需要幫忙，就來找我。

丈夫的寬慰和大度，使她流下了傷感的淚，畢竟生活了三年。三年裡，丈夫教她學開汽車、學鋼琴、學做生意、學日本禮節；給她買了許多昂貴的首飾、衣服和房子。

丈夫這是第二次離婚，他的心也不好受，可是到底是誰的錯呢？

三年後怎麼辦？再說吧，現在一個人自由了，可以拚命打工，攢點錢再考慮，回中國，還是去其他的國家。

走出了這套豪華的別墅，搬進了一間借的小屋。雖然房子不大，可是屬於自己的天地。又開始了留學生活。搬完了家，請了朋友來家裡聚會，她高興地喝了酒，興奮地唱起了「大海，我的故鄉」。不到幾個月，她的臉變得紅潤了，變得朝氣勃勃了。

一位中國男子走進了她的生活中，雖然她很喜歡他，但是她不會再輕易邁進「婚姻」這個大門。

三年後，她結束了漂泊異國的生活，回到了中國。我衷心祝福，一葉小舟尋找到了真正的港灣。

她有三個「丈夫」

這次東京採訪極其艱難，心裡不免有些著急。無素材，無法下筆，於是我先寫散文和小說。一天清晨，還在睡夢之中，被一陣電話鈴吵醒。朦朧中，聽到一個唧唧喳喳的聲音：「終於找到你了。」

「你是誰？」

「把我忘了嗎？這幾年你失蹤了，我在報紙上看到你的文章，好不容易找到你的電話。」

對方興高采烈地說了半天，我如墮入九裡雲霄，不知她是誰？可又不能掃對方的興，於是敷衍道：「噢，對不起。我還沒睡醒，迷迷糊糊的，聽聲音很熟悉，你是……」

對方不免責備道：「啊呀，貴人多忘事！當了作家就把我忘了，我們一起打過工。」

「噢……」這聲音有些熟悉。我和許多人一起打過工，印象不是很深，否則我一定會想起來。

我還在回想中，對方就說：「我叫劉麗萍，幾年前，我們在咖啡店一起工作三個月，你忘了嗎？」

我這才想起來：「原來是你啊！對不起。」

我和她沒有過深的交往，打工休息時，趁老闆不在，她滔滔不絕談她男人的事。後來她走了，我們再也沒有聯繫過。

我說：「你現在怎麼樣？」

她說：「我和日本人結婚了，又離婚了。」

「怎麼！又離婚了？」

「是的。你有時間嗎？我馬上要回中國了，我想問你要幾本書看看，你給我簽名好嗎？」

「好吧，明天下午在新宿見。」放下電話，她的身影漸漸地出現在我眼前：她長得不漂亮，但很可愛，小巧玲瓏，討人喜歡，性格也很直率；二十六歲看起來像二十歲。她的生活經歷奇特、有些玩世不恭。

記得一次下了班，我們一起去吃拉麵，她說：「你長得很漂亮，腦子也好，就是太老實了。」那時她不知道我是記者。

「怎麼說？」我問。

她接著說：「你應該多找些男朋友。」

我問道：「為什麼？」

她開導我說：「啊呀，你真傻！年輕時不交很多男朋友，老了怎麼辦？」

我疑惑的看著她純真、可愛的面容，感到不可思議，她怎麼會這樣想？

也許她對我很信任，有很多話要說；傾訴也是發洩壓抑心理的一種方式，在日本這個小島留學，每天十幾個小時的工作、學習、打工，歷經艱辛，滿腹心事無人傾訴，很多人感到難以名狀的孤獨、寂寞，這就是日本人常說的：精神疲勞。

我對別人的傾訴總是認真的，默默地聽，並非是記者需要素材，因為我能夠體諒對方的心情。我在家裡經常接到朋友傾訴的電話，一談就是幾個小時。

那天，她和我整整談了兩個多小時。

她她說：「我在上海結過婚，又離婚了。男人沒用，是個老實巴交的工人，人不錯，但是太窮了。我看周圍的女孩子，一個個到了日本嫁給有錢的老闆，帶著老闆回上海買房子。我心裡不服氣，我比她們年輕、漂亮，為什麼受這份窮罪？我也要去日本闖天下，可是老公不讓我走。我對老公說：『我要買房子、買金項鍊，你有嗎？你沒有就放我走。』我們沒有孩子，老公很可憐，最後還是同意我的要求。

我們結婚不到兩年就離婚了。現在想起來，沒什麼後悔，只是感到有些對不起他。但是我到日本一年，掙了一些錢，給了他幾萬人民幣，算是一種補償吧。我現在和一位醫生同居，你看他怎麼樣？」

她很自豪的拿出了一張他的照片，那是一位長得英俊、高大的男子。

「我喜歡男人，不願意孤獨生活。大家都是一個人，就同居住在一起；但是我們在經濟上是獨立，在區域所我們登記了『夫妻』關係。」

我疑惑地問：「他有愛人嗎？」

她坦然地說：「他老婆在上海。我們以『夫妻』名義住在一起，不要什麼證明的。我們有個約定：我的電話，他不能接，因為經常有男朋友和客人來找我。我們彼此守約得很好。他很親切，像大哥似的關照我，我生活得很開心。但是總有顧慮，他老婆來東京怎麼辦？。」

那天，她悄悄地告訴我說：「我還有一位日本男友，其實我不需要他的錢。他喜歡我，我也喜歡他，但是我現在的『丈夫』干涉我，我有些生氣，你在上海有老婆，我沒有丈夫，為什麼不允許我有戀人呢？太自私了！你說呢？有時我悄悄的和日本男人出去玩，他也抓不到我。」

我沒有想到她的小腦瓜裡有這麼多的主意，對愛情、同居的想法完全和我們不一樣，我也是第一次遇見這樣一位上海姑娘。

我只好對她說：「看起來你很有招。」

那天分手後，第二天、第三天她沒有來上班，我覺得奇怪，是不是生病了？

她打電話給我們的老闆：「我家裡有事，請一個禮拜假。」

她這一請假，可把我們幾個忙壞了，咖啡店在東京車站附近的丸內大廈，每天中午來喝咖啡和西餐的顧客近兩百多人。

由於她還來來，所以店長沒有再招人，一個星期就是五個人頂著，裡面是一位店長和一位福建的留學生，他累得洗杯子連腰也直不起來，進來一位客人必須說：歡迎！歡迎！（以拉夏以馬珊）時間長了，這句話成了：幸福！（洗阿哇珊）

我們笑了起來，對他說，進來的人都幸福，就是我們不幸福！

「她怎麼還不來？害得我們這樣累！」日本店長也埋怨起來。

一個星期後她來了，當我看到她不由大吃一驚：只她右眼青腫，一臉的憔悴。

大家很熱情地問她怎麼回事？她勉強的笑著說，上學匆匆忙忙的，摔了一跌。

我覺得不對勁就問她：「你怎麼了？」

她低垂著頭，一邊幹活，一邊說：「沒什麼，以後和你說。」

下班了，我們一起走在路上，我關切地對她說：「你怎麼那麼不小心？」

她淚汪汪地說：「不是摔的，是他打的。」

我大吃一驚：「打得那麼厲害，為什麼？」

她說：「那天，我跟日本男朋友出去玩，他跟在後面。當我和日本男朋友走進飯店時，他拖著我要我回去，我不願意，他就打我。我很生氣，你不是我老公，憑什麼打我？他說，你就是我老婆！」

聽了這個話，日本男朋友嚇得連忙走了。

他一邊打我，一邊拉著我回家。我不想跟他回去，我們就在街上拉扯起來。

我說：「前幾天有一位男士打電話找你，」

「我住在朋友那裡，他到處在找我。」

「你以後怎麼辦？」

「我要和他分手！我也不可能和他長期住在一起，下個月他妻子要來了。他不會離婚的。我已經一個月不到學校了，拿不到簽證了。」

看到她現在愁眉不展的模樣，我很同情她，可是幫不上她忙。

「還是你好，你工作好，又有老公在身邊。」她很傷感的說。

「其實每人都有煩惱事。」我很真摯的對她說。

那天分手後，望著她瘦小的背影，我思索很久。

沒幾天，她辭掉了工作。我不知道她的學校和家裡的電話號碼，我們失去了聯繫，她在我的腦海中漸漸的消失了……

沒有想到她竟然找到了我。第二天，我來到新宿的一家咖啡店裡。當我看到她時，吃了一驚，她不再是幾年前臉上充滿了純真笑容的少女，她顯得憔悴、憂鬱。

雖然她微笑著，但是這笑苦澀，在她的笑中，我看出了她生活六中經歷的風風雨雨。

我送給她兩本書並告訴她：「我寫了幾本書，現在也經常去上海。」

她說：「我在上海看到過一本寫留日學生的書，開始不知道是你寫的；看作者的照片好像是你，有些不相信，你以前從來沒有說過你會寫小說。」

我說：「那時我們都是臨時工、三等公民，我現在採訪《櫻花樹下的中國新娘》還缺素材。」

她聽了我的話馬上說：「那就寫我吧。」

我說：「不忌諱嗎？」

她說：「不忌諱！我希望沒有來日本的中國姑娘不要像我這樣。以前我有些玩世不恭，總認為年輕時多玩玩，等老了沒有人再理你了，現在覺得錯了。前幾年不知道那根神經搭錯了，今天換男人，明天換戀人，」接著她說起了我們分手後的情況。

她說：「我離開了那位醫生後，再也沒來往。他打過幾次電話向我道歉，我不想再理他。

他有妻子和孩子，雖然我們一起生活了幾年，也有一定的感情，但是他不可能和我結婚的。他愛妻子，他妻子也是醫生，而我什麼也不是。當時我簽證到了，認識的一位日本朋友很同情我，就對我說，和我結婚吧。他沒什麼錢，是公務員，我就花了一百萬和他假結婚。後來由於入管局查得很緊，我想，一百萬不能打水漂，於是搬到他家住，過了一個禮拜，他就要求我和他過性生活。我告訴他：『我們約好的，我不是你的妻子。』

他理直氣壯的說：『你現在睡在我房間，我忍受不了女人的誘惑。在法律上你是我妻子，你就給我一次吧。』

我說：『不行，我不喜歡你。我雖然有時候很輕浮，但必須是喜歡的男人才行，我不喜歡，即使你是大老闆，我也不會和你上床。』

這位日本男人我不喜歡，怎麼能和他睡在一起？一天半夜，我們打了起來。後來他向我道歉，看他可憐的樣子我也很同情他，他也幫助過我，可我不能用這種方式來償還，我已經給他錢了。第二年簽證，我又給了他八十萬。我每天去打工，一個月可以掙三十萬。

有一次，他陪我去簽證，入管局的人問得很仔細，你住在什麼地方？愛人是幹什麼的？這些我都答上了，因為我不和他住在一起。沒有想到入管局的人突然問到：『你愛人穿什麼短褲？』

我不由一愣，『這是什麼意思？』入管局的人說：『你不知道嗎？如果你每天和他生活在一起，就知道他每天穿什麼短褲。』我急中生智，轉身對他說：『你穿我從上海買來的「天鵝牌」短褲吧。但你不喜歡，說太緊了，是嗎？』我一邊說一邊用右腳踢踢他。

老實巴腳的日本人說：『是，是的。』這一關總算過去了，心裡越想越窩囊。這次雖然簽了一年證，可是和他住在一起，不能再找別的男人了。每年還要給他錢，跑到入管局簽證又是提心吊膽的，這日子過得太不舒暢了。」

「有一段時間，我有三個丈夫，」她笑著自嘲道：「跟日本人結婚前，回上海看了我以前的老公。他現在的女朋友是外來妹，準備結婚了，他說現在下崗沒有錢了，看他可憐，我給了他幾千元。他說還是你好，跟我離婚了還給我錢。

「當老公聽了我在東京的經歷後對我說：『被人欺負了？如果過得不好就回來吧，我不和外來妹結婚，我們复婚吧。』那天聽了他的話，我很感動，還是這位老實巴腳，沒有錢的老公好，夜裡我們又過了夫妻生活。回到東京，那位醫生又來找我道歉。因為妻子知道他的事，他們感情上有了隔閡。雖然我恨他，但一想他是愛我才這麼做的。有愛才有恨，想到這裡我又原諒他了。那天夜裡，我們倆在情人旅館都哭了，就是我們最後的告別儀式。」

聽了她的經歷，我感到不可思議，編小說也編不出來。

她說：「雖然我有三個丈夫，可哪一個丈夫都不是我的。名義上是日本人的老婆，可是我和他沒有任何一點關係。我不是上海男人的妻子，也不是醫生的妻子，到底是誰的妻子？」她苦笑著說。

真的很滑稽，我只好安慰她說：「有三個丈夫，總比一個丈夫也沒有要好。」

她抬起頭，睜大了眼睛不解地看了看我說：「也許是吧，當我寂寞時，我可以找醫生，我們還可以過夫妻生活。到上海，找離婚的老公，說說心裡話，他不會嘲笑我，有些可憐我，這讓我受不了！我不要他可憐，就是那位日本老公，有些窩囊。」

我們一邊喝著咖啡一邊談著，空氣有些沉悶，我感到很壓抑，不想聽她的故事，心想，年輕可愛的她，為什麼不好好上專科學校學一門專業呢，為什麼輕易把自己託付給某個男人。

當我們要分手時，她突然笑著對我說：「我最近又找了一位大連男朋友。」

她找男人的頻率太快了！我一時無言。

這次她笑得很燦爛：「我很喜歡他，他也很喜歡我。我們在一起工作，他留學十年了，他在戀愛上也經歷了許多，以前的戀人和日本人走了。有一次，我把自己的事告訴了他，他非常同情我，現在我們同居在一起。他要我和日本人離婚和他結婚，可是和日本人離婚後，馬上和別人結婚要等半年後才給簽證。」

我說：「你的經歷太複雜了，如果不介意把你的故事寫出來，怎麼樣？」

她想了想說：「但是不能寫我的真名。」

「好的。」我說。

她繼續說：「我們在大使館登記結婚，在法律上是承認的。所以我下個月要回上海了，過半年我還會回來的。回來後我就有一個安定的家、一個愛我的丈夫。我想好好過日子，回上海我們再聯繫吧。」

「我前老公現在和外來妹結婚了，上次回去我買了一個戒指送給她，他們夫妻倆都很高興。我對外來妹說，你和我一樣，從安徽到上海；我從上海到東京。你找了一個老實的丈夫，一定要對他好。那位外來妹很可愛，就像我二十歲來日本一樣。我對過去的老公說，你不要欺負她。」聽了她的話，我不由笑了起來。

我問道：「那位醫生現在怎麼樣了？」

她說：「現在他們夫妻感情好多了，兒子到了東京念書，但是他養一家人有些困難，我給他愛人找了一份工作。哦，就在我們以前咖啡店工作。看看他們一家三口生活得很好，我就不介入進去了。」

聽了她的話，我覺得雖然她有些玩世不恭，心還是很善良的。現在她前夫有了外來妹，醫生戀人和妻子重歸於好了；她也有了一位喜歡她的愛人，也許這位大連人就是看她的心腸好才喜歡她。

但願，她將來的人生一路順風，不要再走那麼多的艱難之路。

今天再一次修改稿件，想起了她，不知道她現在怎麼樣了？回上海了？還是仍在東京？如果文章不是二十幾年前寫的，我已經記不清她曲折的經歷；編小說也編不出這樣離奇而又曲折的故事。

但願她能看到這本書，我還在寫文章！

新銳文學35 PG2035

新銳文創
INDEPENDENT & UNIQUE

櫻花樹下的中國新娘

作　　者　林惠子
責任編輯　陳慈蓉
圖文排版　周妤靜
封面設計　楊廣榕

出版策劃　新銳文創
發 行 人　宋政坤
法律顧問　毛國樑　律師
製作發行　秀威資訊科技股份有限公司
114 台北市內湖區瑞光路76巷65號1樓
電話：+886-2-2796-3638　傳真：+886-2-2796-1377
服務信箱：service@showwe.com.tw
http://www.showwe.com.tw
郵政劃撥　19563868　戶名：秀威資訊科技股份有限公司
展售門市　國家書店【松江門市】
104 台北市中山區松江路209號1樓
電話：+886-2-2518-0207　傳真：+886-2-2518-0778
網路訂購　秀威網路書店：https://store.showwe.tw
國家網路書店：https://www.govbooks.com.tw

出版日期　2018年5月　BOD一版
定　　價　350元

國家圖書館出版品預行編目

櫻花樹下的中國新娘 / 林惠子著. -- 一版. -- 臺北市 : 新鋭文創, 2018.05
面 ;　公分. -- (新鋭文學 ; 35)
BOD版
ISBN 978-957-8924-07-9(平裝)

1.異國婚姻 2.通俗作品

544.38　　107003749

讀者回函卡

感謝您購買本書，為提升服務品質，請填妥以下資料，將讀者回函卡直接寄回或傳真本公司，收到您的寶貴意見後，我們會收藏記錄及檢討，謝謝！
如您需要了解本公司最新出版書目、購書優惠或企劃活動，歡迎您上網查詢或下載相關資料：http:// www.showwe.com.tw

您購買的書名：＿＿＿＿＿＿＿＿＿＿＿＿＿＿＿＿＿＿＿＿

出生日期：＿＿＿＿年＿＿＿＿月＿＿＿＿日

學歷：□高中（含）以下　□大專　□研究所（含）以上

職業：□製造業　□金融業　□資訊業　□軍警　□傳播業　□自由業

□服務業　□公務員　□教職　□學生　□家管　□其它＿＿＿

購書地點：□網路書店　□實體書店　□書展　□郵購　□贈閱　□其他

您從何得知本書的消息？

□網路書店　□實體書店　□網路搜尋　□電子報　□書訊　□雜誌

□傳播媒體　□親友推薦　□網站推薦　□部落格　□其他＿＿＿＿

您對本書的評價：（請填代號　1.非常滿意　2.滿意　3.尚可　4.再改進）

封面設計＿＿　版面編排＿＿　內容＿＿　文／譯筆＿＿　價格＿＿

讀完書後您覺得：

□很有收穫　□有收穫　□收穫不多　□沒收穫

對我們的建議：＿＿＿＿＿＿＿＿＿＿＿＿＿＿＿＿＿＿＿＿

＿＿＿＿＿＿＿＿＿＿＿＿＿＿＿＿＿＿＿＿＿＿＿＿＿＿

＿＿＿＿＿＿＿＿＿＿＿＿＿＿＿＿＿＿＿＿＿＿＿＿＿＿

＿＿＿＿＿＿＿＿＿＿＿＿＿＿＿＿＿＿＿＿＿＿＿＿＿＿

請貼
郵票

11466
台北市內湖區瑞光路 76 巷 65 號 1 樓
秀威資訊科技股份有限公司 收
BOD 數位出版事業部

....

（請沿線對折寄回，謝謝！）

姓　　名：＿＿＿＿＿＿＿＿　年齡：＿＿＿＿　性別：□女　□男

郵遞區號：□□□□□

地　　址：＿＿＿＿＿＿＿＿＿＿＿＿＿＿＿＿＿＿＿＿

聯絡電話：(日) ＿＿＿＿＿＿＿＿＿＿ (夜) ＿＿＿＿＿＿＿＿＿＿

E-mail：＿＿＿＿＿＿＿＿＿＿＿＿＿＿＿＿＿＿＿＿